Verlag für Systemische Forschung
im Carl-Auer Verlag

Melanie Siemens-Gerth

Tarot aus systemischer Sicht

Werkzeug zur Selbstreflexion und Beratung?

2020

Der Verlag für Systemische Forschung im Internet:
www.systemische-forschung.de

Carl-Auer im Internet: www.carl-auer.de
Bitte fordern Sie unser Gesamtverzeichnis an:

Carl-Auer Verlag
Vangerowstr. 14
69115 Heidelberg

Reihengestaltung nach Entwürfen von Uwe Göbel
Printed in Germany 2020

Erste Auflage, 2020
ISBN 978-3-8497-9036-3

Bibliografische Information der Deutschen Nationalbibliothek:
Die Deutsche Nationalbibliothek verzeichnet diese Publikation
in der Deutschen Nationalbibliografie; detaillierte bibliografische
Daten sind im Internet über http://dnb.ddb.de abrufbar.

Diese Publikation beruht auf der gleichnamigen Masterthesis an der Technischen Universität Kaiserslautern, Distance an Independent Studies Center (DISC), Master-Fernstudiengang „Systemische Beratung“, 2018.

Die Verantwortung für Inhalt und Orthografie liegt bei der Autorin.

Mit Dankbarkeit und Freude allen relevanten Umwelten
und Beobachtenden dieser Beobachtung gewidmet.

Insbesondere jenen, die Raum geschaffen haben und schaffen.

Vor allem demjenigen, der umfassenden Raum für das Erdenken,
Durchdringen und Erarbeiten geschaffen und sein lassen hat.

Inhaltsverzeichnis

1 Einleitend

Der Ausspruch „Man kann einen Menschen nichts lehren; man kann ihm nur helfen, es in sich selbst zu finden" von Galileo Galilei passt nicht nur in eine systemische Sichtweise, sondern findet auch Anklang in der Haltung der Autorin sowie in ihrer Auffassung von Tarot. In diesem Sinne soll die vorliegende Masterarbeit einen Einblick schaffen in die Möglichkeiten einer systemischen Sicht auf Tarot sowie auch einen Ausblick auf die Wirklichkeit von Wirksamkeit, die aus solch einer Sicht emergieren kann.

Was verbirgt sich hinter und in diesen überlieferten Karten, die in der Allgemeinheit oft mit Ideen von Weissagung oder Magie verknüpft sind? Gibt es eine andere Perspektive? Passt Tarot zur Wissenschaft? Insbesondere stellt sich die Frage: Was hat Tarot mit der Systemtheorie gemein?

„Brillierte" (Arnold 2009, S. 29) Beobachtungen in den Farben von Gesellschaft, Medien, der Autorin und der Wissenschaft führen in die eigentliche Frage der Arbeit. Es folgt eine Darstellung von Tarot an sich, dem sich ein systemischer Blick auf Beratung anschließt. An dieser Stelle soll sich die Brücke schlagen zwischen Tarot und systemischer Beratung, über die der Weg in die thematische Vertiefung dieser Verknüpfung führt.

Angemerkt sei, dass alles, was die Leserinnen in dieser Arbeit vorfinden – nicht nur das zweite Kapitel –, Beobachtungen der Autorin sind, die sie über das Medium Schriftsprache an die Leserinnen gibt (vgl. Simon 2018, S. 13) und von Raum und Zeit entkoppelt (vgl. ebd., S. 101). Die Leserinnen sind die Beobachterinnen, die in ihrer Kognition den Raum öffnen (vgl. ebd., S. 14), indem die Beobachterinnen diese Arbeit für sich erschaffen.

Gender-Hinweis

Zur Vereinfachung und im Sinne der Lesbarkeit, wird in vorliegendem Text die weibliche Form verwendet. Diese soll sowohl männliche Personen als auch Personen, die sich keinem Geschlecht zugehörig fühlen, einbeziehen.

2 Beobachtend

Zunächst soll die thematische Relevanz von Tarot beobachtet werden. An zweiter Stelle soll eine Beobachtung der zweiten Ordnung stehen, der dann ein Blick auf Tarot in der Wissenschaft folgt. Die einleitenden Beobachtungen schließen mit der konkretisierten Fragestellung der vorliegenden Arbeit.

2.1 Warum ist Tarot ein Thema?

Die Definition des Duden zu Tarot lautet „dem Tarock verwandtes Kartenspiel, dessen Karten besonders spekulativen symbolischen Deutungen dienen" (Dudenverlag). Das ist ein Informationsgehalt, aus dem man gemeinhin nicht auf eine große Relevanz schließen würde. Jedoch hat dieses Spiel durchaus Präsenz in Medien wie Zeitschriften, Fernsehen oder Internet. Verschiedene Zeitschriften bieten Gratis-Beilagen mit Tarotkarten oder Legemustern. Im Fernsehen und Internet werden Tarot-Beratungen angeboten und kostenpflichtige Hotlines angepriesen. Allgemein gültige Legungen mit Datumsbezug gibt es zu Hauf auf Seiten wie YouTube. Diverse Apps für Smartphones sollen unterhalten, und in Foren oder auf sozialen Plattformen gibt es Diskussionen, Deutungshilfen und Erfahrungsaustausch. In Buchhandlungen finden sich allerlei Ratgeber, und Tarot-Decks gibt es in mannigfaltigen Varianten: Zen, Engel, Giger[1] oder auch geschlechtsspezifisch. Zumindest hat Tarot genug Präsenz, um eine wirtschaftliche Kraft in diversen Bereichen zu entfachen. So gibt es beispielsweise Servicedaten, die belegen, dass Tarot-Apps auch im kostenpflichtigen Sektor eine Rolle spielen. Zum Zeitpunkt des Abrufs zeigten sich 100, als kostenpflichtig gelistete, Tarot-Apps weltweit, die innerhalb der letzten 30 Tage nennenswert geladen wurden. Die preisintensivste für $ 10,00, die günstigste für $ 2,00, vier der Apps waren als „free" angegeben. Die älteste App wurde am

---

[1] Schweizer Künstler Hans Rudolf Giger, vgl. z. B. https://de.wikipedia.org/w/index.php?title=HR_Giger&oldid=179348810 (Permalink)

01.07.2010 und die neueste am 20.05.2018 veröffentlicht (vgl. Apptopia intelligence data 10.07.2018, 8:30–9:30 Uhr). Zum selben Zeitpunkt standen Tarot-Apps in den Rankings der Userdaten in Deutschland, Österreich und der Schweiz in den oberen Rängen (Platz 2–4). In den unteren ließen sich teils noch andere Tarot-Apps finden (vgl. Apptopia intelligence data Rankings vom 10.07.2018, 8:30–9:30 Uhr). Eine Marktanalyse aus dem UK diskutierte im Jahr 2015, dass der App-Markt für Tarot und Astrologie rückläufig sei, die Umsätze waren von 19,4 Millionen Pfund auf erwartete 14,8 Millionen Pfund zurückgegangen (vgl. mobilesquared Ltd 2015, S. 54). Wendet man sich dem nicht digitalen oder halb digitalen Umfeld zu, gibt es eine Vielzahl an Beraterinnen, die Tarot-Beratung – persönlich oder online – anbieten.

Die neueste Umfrage zu dem Thema stammt aus 2013. Hier zeigt sich, dass 11,6% der Befragten von Tarot gehört oder bereits Tarot-Erfahrung gemacht hatten (vgl. TNS Infratest zitiert nach Statista.com 2013). Eine ältere Umfrage ergab, dass 8% der Befragten der Meinung waren, Tarot sei etwas, womit man sich beschäftigen sollte und das funktionieren könnte (vgl. IfD Allensbach zitiert nach Statista.com 2001).

Es lässt sich also beobachten, dass Tarot Gegenstand von Kommunikation ist. Kommunikationsmedien jeglicher Art transferieren Kommunikation über diese Karten. Mehr noch ist das Spiel Teil der Wirklichkeit verschiedener Funktionssysteme (vgl. Berghaus 2011, S. 189 ff): Massenmedien, Wirtschaft, Kunst und Wissenschaft kommunizieren über Tarot. Auf welche Themen sollte Systemtheorie schauen, wenn nicht auf Themen, über die kommuniziert wird? Hier liegt der Kern, warum Tarot ein passendes Thema für eine systemtheoretische Betrachtung ist.

2.2 „[…] Selbstbeobachtung ist eine Form des Beobachtens 2. Ordnung.“ (Simon 2018, S. 29)

„Im Anfang war das Wort, und das Wort war bei Gott, und Gott war das Wort.“ (Bibel, Johannes 1,1). Was hat Gott mit dem Wort, also mit sich selbst gemacht? Er hat unterschieden. Wenn man, ganz wörtlich genommen, an den Anfang der Bibel springt, unterscheidet Gott zuerst Himmel und Erde (vgl. Bibel, Mos 1,1). Das autopoietische System nimmt seinen Anfang in einer Unterscheidung. Hier ist Gott der Beobachter, der außen steht (vgl. Luhmann 2015, S. 25 f). Eine Unterscheidung als Schöpfungsakt. Der entscheidende Moment liegt im Wort, denn ohne Bezeichnung gibt es keine kreierende Unterscheidung (vgl. Simon 2018, S. 14). Worte sind gleichzeitig Kommunikationsmedium (vgl. ebd., S. 100). In dieser Betrachtung entsteht eine Situation, in der die Beobachterin einerseits sich und ihre Umwelt schafft, andererseits Kommunikationsmöglichkeiten kreiert – auch und insbesondere für die Kommunikation mit sich selbst. Darin liegt in der Folge der Schlüssel zur Beobachtung 2. Ordnung. Ein autopoietisches System kann sich selbst beobachten (vgl. ebd. S. 29). Dann beobachtet es seine Beobachtung der Welt, seine Operationen, idealerweise in dem Bewusstsein, dass als Beobachterin die eigene Konstruktion alle Beobachtungen färbt. Dies nennt Arnold „brillieren" (Arnold 2009, S. 29), also durch eine eigene Brille sehen. Diese Brille bedeutet allerdings in der Folge, dass man niemals alles sieht, es ist immer die eigene Perspektive. Gerade in der Selbstbeobachtung kann dies dazu führen, dass die Beobachterin in ihrem ganz abgeschlossenen Definitionsbereich kreist und nicht erkennt, was sie zu erkennen sucht. Mit 19 Jahren kannte die Autorin diese Worte nicht.

Fallbeispiel als reflexive Selbstbeobachtung der Autorin: Eine 19-Jährige trifft bei einer Freundin erstmals auf Tarotkarten. Die Freundin spielt das Spiel mit ihr. Die junge Frau findet, dass das alles passt und sehr spannend ist. Sie spielt das Spiel öfter, doch schnell wird ihr langweilig, denn die zu Beginn aufgekommenen Fragestellungen haben einen eher seichten Charakter und sind spielerisch. Zudem bewegen sie sich in einer Art Grenzbereich zur Wahrsagerei, was der jungen Frau zunächst nicht auffällt, ihr aber missfällt, sobald es in ihrer Wahrnehmung auftaucht. Hier findet sich, aus ihrer Sicht, für ein tiefes Interesse keine Substanz. Jedoch bleibt ein Gefühl von Faszination, z. B. darüber, dass die Antworten der Karten, im Zusammenhang mit den Deutungsbüchern, tatsächlich treffsicher und stimmig erscheinen. Faszination empfindet die junge Frau auch für die farbenfrohen und für sie sehr anziehenden Bilder. Sie fängt an zu lesen und auszuprobieren. Die Freundin schenkt ihr die Karten, denn sie wendet sich einem anderen Deck[2] zu. Die junge Frau freut sich über das Geschenk und ändert, über die Auseinandersetzung mit Literatur und ihr Empfinden von einem guten Umgang mit diesem Geschenk, ihre Art, mit den Karten umzugehen. Eines der gelesenen Bücher sagt „Die Tarotbilder sind ein Spiegel der Bilder unserer Seele“ (Ziegler 1991, S. 9). Das erscheint ihr sehr interessant, und sie beginnt sich in das Thema zu vertiefen.

Kern der Beobachtung 1:
Zielgerichtet schickt die Beobachtete ihre Gedanken auf die Reise. Sie will wissen, was sich spiegelt. Sie will ihre Gedankenkraft und ihre Intuition erkennen. Sie will Pläne verwirklichen. Nach vorne blicken. Vor allem: Sie will wissen, wer sie ist – sich selbst verstehen.

Abb. 1

Über die Zeit stellt die junge Frau fest: Emotionale Zustände, Drucksituationen, Beziehungen kann sie für sich mit Tarot klären. So befasst sie sich z. B. mit ihrer Haltung und Position oder mit ihren Erwartungen in Konflikten oder ähnlichen emotionalen Zuständen. Sie nimmt sich für diese Fragen Zeit und zieht sich zurück. Diese Momente sind ihr ein Anlass hinzuschauen und sich den eigenen, aufrührenden Emotionen mit Ruhe gegenüber zu stellen. Eine erste Herausforderung ist in diesen Augenblicken, zu einer zielführenden Fragestellung zu finden und sich zu fokussieren. Wenn ihr dies gelingt, verwendet sie die Karten und nimmt sich Zeit für ihre Deutung im Kontext der Situation. Dabei entsteht eine kritische Hinterfragung ihrer selbst, ihrer Emotion wie auch Position. Manchmal, aber nicht immer, findet sie Bestätigung durch die Karten. Oft findet sie Erkenntnis darüber, wie sie sich vielleicht auch noch verhalten könnte und welche Veränderung eine andere Sichtweise bewirken könnte. Immer kommt die Befragung

[2] Bezeichnung/Sammelbegriff für Karten wie z. B. Tarot-Deck, Kartendeck, Kartenset, Kartenspiel

zu einer hilfreichen Antwort. Wenig überraschend erscheint, dass die junge Frau bemerkt: Die Antworten aus den Karten sind keine Neuigkeiten, sie sind eher vertraut. Vergleichbar mit dem Wort, das einem einfach nicht einfällt, obwohl man es doch eben noch genau wusste. Etwas, das man nicht sehen kann oder nicht sehen will, rückt in eine neue Perspektive und kann nun betrachtet werden. Ihre Beschäftigung mit diesem Thema bleibt in ihrem Bekanntenkreis nicht unbemerkt, und so ergibt es sich im Laufe der Jahre, dass sie gelegentlich gebeten wird, jemandem die Karten zu legen. Dabei begegnet ihr teils eine Erwartung von Wahrsagerei, die sie ablehnt. Sie lehnt auch ein „Immer-wieder-dasselbefragen" ab, denn ihr erscheint dies wenig zielführend; zeigt es aus ihrer Sicht doch eher einen Mangel an Auseinandersetzung mit der Fragestellung, der Situation und gegebenenfalls Antwort der Karten. Dennoch zeigen die fragenden Bekannten sich nach einer Legung zufrieden. Sie haben einen Zugang zu ihrem Anliegen gefunden und können es mit einem neuen Eindruck in sich bewegen. Auch wenn die junge Frau gelegentlich anderen Personen die Karten deutet, bleibt Tarot für sie ein Thema, das fest im privaten Bereich verankert ist und keinerlei Bezug zu einer beruflichen Realität hat.

Kern der Beobachtung 2:

Über das Tarot findet die Beobachtete Zugang zu ihrer Intuition und beginnt diese weiterzuentwickeln. In der Korrespondenz mit sich selbst findet sie in Selbstverantwortung und Selbstvertrauen. So besinnt sie sich auf ihre eigene Kraft und findet darin Balance zwischen Geist und Emotion.

Abb. 2

Im Laufe der Jahre wird die junge Frau vertraut mit den Karten und benötigt kaum mehr Deutungsbücher. Viele der möglichen Bedeutungen sind ihr präsent und mit eigenen Erfahrungswerten verknüpft. Gleichzeitig geht ihr Fokus zunehmend von den Karten weg. Nutzte sie die Karten zunächst gelegentlich, so ist die Frequenz nun nur noch sehr selten. Ihre Reflexion und ihr Antworten findet sie meist in sich oder in Gesprächen; unter Umständen allerdings auch gar nicht. Einige Jahre nutzt die Frau das Tarot überhaupt nicht, es sei denn, Bekannte bitten sie darum. Eher begibt sie sich erneut auf die Suche nach Wegen zu wachsen und sich, wie auch ihre Weltsicht zu verstehen.

Neue Antworten, eine sich für sie passend anfühlende Theorie und viele neue und tiefe Impulse zum Denken, Lernen und Wachsen findet sie in der Auseinandersetzung mit Konstruktivismus, Systemtheorie und in der Folge in einem Studium der systemischen Beratung. Im Zuge dieses Studiums rücken die Tarotkarten in den Fokus ihrer Aufmerksamkeit. Vor all diesen Hintergründen fragt sie sich: „Was also passiert denn da, wenn wir Tarotkarten nutzen und alles so sehr stimmt, was sie uns zeigen?"

Kern der Beobachtung 3:

Über eine Auseinandersetzung mit Tarot und dessen Deutung sowie der eigenen Zustände und Gedanken findet die Beobachtete Antworten in sich selbst und emanzipiert sich zusehends von dem Hilfsinstrument der Karten. Über diese Basis hat sie einen Erfahrungsschatz kreiert, auf den sie zurückgreifen kann.

Abb. 3

Das Wort, das am Anfang war und die Unterscheidung und Benennung brachte, zieht immer neue Wörter und Unterscheidungen nach sich. Das Wort, das einem sprichwörtlich auf der Zunge liegt und doch nicht erinnert und gesprochen werden kann, entzieht sich in diesem Moment einer Unterscheidung und Benennung. In diesem Augenblick entzieht es sich, in der Folge, der Wahrnehmung.

In der Beobachtung 2. Ordnung der Autorin zeigt sich der Erfahrungswert, dass Tarot ein Weg sein kann, den der Wahrnehmung entzogenen Bereich wahrnehmbar zu machen. Dies bewerkstelligt sich durch einen Perspektivwechsel und oft auch durch ein Heraustreten in eine Beobachterposition der 2. Ordnung. Dieser Beobachtungsprozess, so scheint es der hier beobachteten Beobachterin, ist es, was durch die Verwendung der Karten gestützt wird. Mit dieser Erkenntnis lässt sich ein Kreis schließen und die Brille absetzen, um dann nach der nächsten Beobachtungs-Brille zu greifen.

2.3 Tarot und seine Ausflüge in die Wissenschaft

In der Perspektive Wissenschaft ist Tarot seit Ende der 1970-Jahre präsent. 1978 veröffentlichte Marion Hollenstein (heute Guekos-Hollenstein) ihre Dissertation „Zur psychologischen Deutung des Tarock-Spiels“, die 2000 als Buch unter dem Titel „Quellen des Tarots“ erschien (vgl. Guekos-Hollenstein 2000, S. 7). Im Fokus der Arbeit steht die Deutung der Großen Arkana der Tarotkarten[3], wobei kulturgeschichtliche, literarische und psychologische Aspekte einfließen. Insbesondere finden sich die Archetypen nach C. G. Jung in der Auslegung der Karten wieder (vgl. ebd., S. 22 ff). Ungefähr zwei Jahre später (vgl. ebd., S. 255) veröffentlichte die Jung-Schülerin (vgl. Nichols 1986, Klappentext) Sally Nichols ihre wissenschaftliche Arbeit „Die Psychologie des Tarot“, in der die Deutung der Karten auf den Archetypen nach C. G. Jung beruht (vgl. ebd., S. 19 ff). Bereits im Jahr 1979 promovierte Danny Jorgensen mit einer Arbeit zum Tarot mit dem Titel: „Tarot Divination in the Valley of the Sun: An Existential Sociology of the Esoteric and Occult“. Im Jahr 1985 promovierte Arthur Rosengarten mit dem Titel „Accessing The Unconscious: A Comparative Study of Dreams, The TAT, and Tarot“ am California Institute of Integral Studies; San Francisco, California (vgl. Rosengarten). In seinem Buch „Tarot and Psychology“ bezieht Rosengarten sich unter anderem auch auf Jung (vgl. Rosengarten 2000, S. 71 ff) wie auch seine Archetypen (vgl. ebd., S. 143 ff) und Synchronizität (vgl. ebd., S. 179 ff).

---

[3] siehe Kapitel 3

Jung selbst befasste sich, entgegen des oben erwähnten Klappentextes und teilweise im Internet kreisender Meinungen, nicht offiziell mit Tarot.

> „In fact, throughout his voluminous writings addressing so many related topics, only one mention of Tarot is ever made […]" (ebd., S. 71)

In einer Auseinandersetzung mit den Archetypen, in Bezug auf ein kollektives Unbewusstes, befasst Jung sich einerseits mit der Definition des persönlichen Unbewussten als Emotion und des kollektiven Unbewussten als Archetypen (vgl. Jung 1990, S. 77), andererseits – beispielhaft – mit Symbolik und der Verwendung von archetypischen Symbolen in Überlieferungen und Geheimlehren (vgl. ebd., S. 88 ff). Dabei betont er insbesondere, dass „[…] echte Symbole […] vieldeutig, ahnungsreich und im letzten Grund unausschöpfbar […]" (ebd., S. 110) sind. Im Zuge dessen definiert Jung die „Wandlungsarchetypen" (ebd., S. 110) als Archetypen, die Situationen, Wege und Momente der Veränderung und Wandlung symbolisieren (vgl. ebd., S. 110). Diese setzt Jung vornehmlich mit dem I Ging[4] in Verbindung (vgl. ebd., S. 111 ff). In dieser Erörterung von Wandlungsarchetypen schreibt Jung: „Es hat auch allen Anschein, als ob die Bilderserien des Tarot Abkömmlinge der Wandlungsarchetypen wären […]" (ebd., S. 111). Diese einmalige Erwähnung bezog sich auf einen Vortrag von Bernoulli, einem seiner Schüler, im Jahre 1934 (vgl. ebd., S. 111; Guekos-Hollenstein 2000, S. 255) und scheint Wiege und Inspiration für die Verknüpfung seiner Archetypenlehre mit der Deutung von Tarotkarten zu sein. Der besagte Vortrag befasst sich mit der Symbolik geometrischer Figuren und Zahlen, wobei Bernoulli sich auf die Zahlensymbolik im Tarot bezieht (vgl. Bernoulli in Fröbe-Kapteyn 1935, S. 369–415). Mit dem I Ging befasste Jung sich besonders im Zuge

---

[4] traditionelles, überliefertes, chinesisches Orakelspiel vgl. z. B. Seidl 2013 (Kapitel „Historischer Hintergrund" – da keine Seitenzahlen); Anaconda Verlag (Hg.) 2013; oder Wikipedia: https://de.wikipedia.org/w/index.php?title=I_Ging&oldid=178803954 (Permalink)

seiner Theorie der Synchronizität (vgl. Jung 1991, S. 37), wie auch mit Astrologie (vgl., ebd. S. 42), wobei es ihm um die Untermauerung seiner Idee von Synchronizität ging, nicht um den Beweis esoterischer Wirksamkeit (vgl., ebd. S. 103).

Die Synchronizität im Zusammenhang mit Tarot findet auch in einer Diplomarbeit (Sommer-Teckenburg) aus dem Jahr 1991 Erwähnung, die sich mit der Verwendung von Tarot als psychologische Methode befasst. Hier wird die Frage gestellt:

> „Ist die Auswahl der Karten zufällig oder irgendwie vom Unbewussten oder durch Synchronizität oder durch das Schicksal beeinflusst?" (Sommer-Teckenburg 1991, S. 7 f)

und wird letztlich verneint:

> „Es gibt für mich jedoch keinen Grund, und ich habe auch bei keinem anderen Autor einen Hinweis darauf gefunden, dass Synchronizität ein kontinuierlicher Prozess sein könnte. Dies aber wäre Voraussetzung, wenn das Ziehen mehrerer Karten innerhalb einer Sitzung, als synchronizitär betrachtet werden sollte." (Sommer-Teckenburg 1991, S. 19)

Besonders interessant scheint, dass Sommer-Teckenburg feststellt, dass Personen die nicht an Zufall glauben[5], in höherem Maße von einer Tarot-Beratung profitieren (Sommer-Teckenburg 1991, S. 55). Der Fokus der Arbeit liegt auf der Frage „[…] wie und unter welchen Bedingungen der Tarot im Beratungsalltag hilfreich ist […]" (ebd., S. 29) und kommt zu dem Schluss, dass „[…] der Tarot ein hilfreiches Instrument der Klärungshilfe […]" (ebd., S. 57) ist. Im Zuge dieser Arbeit bezieht Sommer-Teckenburg sich auf die Diplomarbeit „Tarot als Medium im psychotherapeutischen Prozess" von Marlene Hoffmann-Körner aus 1990, in der Hoffmann-Körner eine qualitative Untersuchung durchführt (vgl. ebd., 23 ff). Dieser Text stand für die vorliegende Masterarbeit jedoch nicht zur Verfügung. Ebenso wenig

---

[5] siehe auch Kapitel 6

stand die Diplomarbeit „Psychologische Aspekte des Tarot" aus 1994 von Iris Koepe zur Verfügung. Um die Präsenz des Tarot in der Wissenschaft wie auch das Rechercheergebnis zu dokumentieren, sollen beide Erwähnung finden.

Eine weitere Arbeit verfasste Thomas Körbel im Jahr 2001. Unter dem Titel „Hermeneutik der Esoterik – Eine Phänomenologie des Kartenspiels Tarot als Beitrag zum Verständnis von Parareligiosität" beleuchtet Körbel „[…] das Phänomen der sogenannten ‚neuen Religiosität' oder ‚Esoterik' aus religionsgeschichtlich-systematischer und theologischer […]" (Körbel 2001, S. 9) Sicht. Insbesondere erscheint diese Dissertation interessant vor dem Bemühen, gegensätzliche Glaubens-Konstruktionen in ein Verstehen der jeweiligen Sinnzuschreibungen zu bringen (vgl. ebd., S. 9 ff). Dr. Helen Farley schuf mit „A Cultural History of Tarot" ein umfangreiches kulturwissenschaftliches Werk zum Tarot (vgl. Farley 2009, S. 2).

Weitere wissenschaftliche Arbeiten, die sich mit Tarot befassen, finden sich. Darunter wissenschaftliche Artikel wie z. B. „The Psychological Unterstanding of Tarot and Roles of Tarot Counselor" von Lee Sunhwa (Sunhwa 2010) oder Bachelorarbeiten wie z. B. von Erin Baumholser, die sich auf eigene Erfahrungen stützt und sich u. a. auf Jung und Jorgensen bezieht (Baumholser 2016). Weiterhin zeigen sich Masterarbeiten (Hofer 2009; van Rijn 2017) und Dissertationen (Reese 2010). Die Bereiche erstrecken sich u. a. auf Psychologie, Geschichte, Kunst und sogar IT (Dís Brandt 2006). Diese und andere Arbeiten skizzieren ein interessantes Bild, wie eine Landkarte, der wissenschaftlichen Wanderungen des Kartenspiels Tarot. Es bleibt bei einer Skizze, da eine ausführliche Betrachtung dieses Variantenreichtums den Rahmen dieser Arbeit sprengen würde.

Diese Landkarte über die wissenschaftlichen Ausflüge des Tarots ist also nicht von erschöpfender Vollständigkeit. Dennoch zeigt sich deutlich: Tarot war und ist ein Thema, das psychische Systeme fasziniert, inspiriert und zu anhaltender Kommunikation anregt. Nicht nur, doch deutlich auch in einem wissenschaftlichen Kontext.

2.4 Forschungsfrage

Bis hierhin zeigt sich also, dass Tarot auf verschiedene Weisen Präsenz und Relevanz hat. Eine thematische Auseinandersetzung erscheint wissenschaftlich relevant. Im Besonderen erscheint eine Betrachtung durch eine systemische Brille verlockend. Doch mit welcher Fragestellung kann sich die systemische Sicht dem Tarot annähern?

C. G. Jungs Wirklichkeitskonstruktion von Synchronizität ist kein Gegenstand dieser Erarbeitung, da sie aus dem systemischen Blickwinkel fällt. Die Konstruktion von Magie und Wahrsagerei wird lediglich dahingehend betrachtet, als dass eine Abgrenzung erfolgt.

Die einleitende Beobachtung der 2. Ordnung zog den Schluss nach sich, dass Tarot ein Mittel zur Beobachtung 2. Ordnung sein kann, da es einen Blickwinkel eröffnet, der im Verharren in einer Situation nicht einsehbar wäre. Die beobachtete Erfahrung der Autorin ergab, dass Tarot für innere Prozesse treffsicher und wirksam ist. Dieses Empfinden deckt sich mit dem Empfinden von Probandinnen wissenschaftlicher Arbeiten (z. B. bei Sommer-Teckenburg), wie auch – obschon dies vorgreifend ist – mit dem Empfinden der Interviewpartnerinnen für die vorliegende Arbeit. Woher aber kommt diese Passung von Karte und Empfindung? Besser: Wie kommt diese Passung zustande?

Diesen Aspekten möchte die vorliegende Arbeit sich nähern, indem sie Wirksamkeit von Tarot anhand systemischer Anhaltspunkte ins Auge fasst. Antworten erarbeitet sie anhand der Grundlegung der Beobachterinnenabhängigkeit von Wirklichkeit, wie auch Autopoiese, operationaler Geschlossenheit und Selbstreferenzialität. Dabei soll der Blick auch die systemischen Beratungsprinzipien und die Voraussetzungen der erfolgreichen Anwendung von Tarot streifen. Die Frage von Selbstwirksamkeit und Zufalls- oder Nicht-Zufalls-Konstruktionen ergibt sich zwangsläufig aus der Betrachtung der Selbstbeobachtung durch ein Werkzeug wie Tarot und wird in der vorliegenden Arbeit beobachtet.

Der Fokus der Arbeit liegt auf der Frage, ob die wahrgenommene Wirksamkeit von Tarot sich in seiner Fähigkeit, das (psychische)

System über dessen Selbstreferenzialität zu irritieren und zu perturbieren, begründet; wie auch auf der Frage, welche Prozesse in diesem Zusammenhang als relevant zu betrachten sind.

3 Tarot

Um sich dieser Frage zu nähern, soll zunächst, in angemessener Kürze, rein dinglich betrachtet werden, was hier systemisch betrachtet werden soll: der Tarot. Es handelt sich dabei um ein Kartenspiel. Dieses Spiel besteht aus 78 Karten, die sich in drei Bereiche teilen: große Arkana, Hofkarten und kleine Arkana.

Abb. 4 Abb. 5 Abb. 6 Abb. 7

Asse, kleine Arkana, Crowley Thoth Tarot

Einige Beobachter zählen die Hofkarten zu den kleinen Arkana, da diese den vier Hauptsymbolen zugeordnet werden können. Die Autorin unterscheidet diese jedoch bewusst als getrennte Bereiche, da dies für sie in den letzten 20 Jahren die relevante Unterscheidung war. Die in den Hofkarten und kleinen Arkana auftretenden und mit Elementen verknüpften Hauptsymbole sind: Stäbe (Feuer), Kelche (Wasser), Schwerter (Luft) und Scheiben (Erde). In den Hofkarten gibt es weiterhin die Benennung der Karten als Ritter, Königin, Prinz und Prinzessin (z. B. Crowley) bzw. als König, Königin, Page und

Ritter (z. B. Waite). Die kleinen Arkana sind Karten mit Zahlenwerten von eins (das Ass) bis zehn[6].

Abb. 8

Abb. 9

Abb. 10

Abb. 11

Asse, kleine Arkana, Rider Waite Tarot

3.1 Geschichte und Mythos

Tatsächlich ist die Geschichte von und hinter dem Tarot umfangreich. An dieser Stelle soll ein Überblick gegeben werden, der exemplarisch anführt, wie eng sich die Verquickung von Fakten und Mythen des Tarots zeigt.

> „The theories regarding the origins of tarot are diverse, ranging from its creation in ancient Egypt by a mysterious priesthood or an evolution from any of a number of extant games." (Farley 2009, S. 6)

Nutzt man zunächst die geschichts- und religionswissenschaftliche Brille, findet man sowohl bei Farley als auch bei Körbel eine Verankerung des Tarots in der Tradition der Spielkarten (vgl. Farley 2009, S. 6 f; Körbel 2001, S. 169 ff): Sie hielten nahezu zeitgleich in diversen

---

[6] Für die interessierte Beobachterin bieten sich für Einstieg oder Vertiefung verschiedene Autoren; u. a. Gerd Bodhi Ziegler (z. B. „Tarot – Entdecke Deine Möglichkeiten" oder „Tarot für alle […]" oder Hajo Banzhaf (z. B. „Gut beraten mit Tarot […]" oder „Das Tarotbuch […]")

europäischen Ländern Einzug und finden Dokumentation meistens in Form von Verboten (vgl. Körbel 2001, S. 169). Die erste Erwähnung von Tarot erfolgte laut Farley mindestens 50 Jahre nach den ersten Erwähnungen von Kartenspielen (vgl. Farley 2009, S. 8 u. S. 18). Um Spielkarten, und den Tarot im Besonderen, ranken sich verschiedene Herkunftslegenden. So sollen Spielkarten z. B. von den Sarazenen, aus Indien, aus China, aus Korea, aus Ägypten oder aus der muslimischen Welt allgemein stammen und vornehmlich über diverse Handelswege nach Europa gekommen sein (vgl. Farley 2009, S. 9 ff; Körbel 2001, S. 166 ff). Dabei wird gelegentlich auf den ursprünglichen Deck-Namen Naibis oder Naipes (grob: Prophet) hingewiesen (vgl. Bernoulli in Fröbe-Kapteyn 1935, S. 398; Farley 2009, S. 9; Körbel 2001, S. 167). Aus diesen weitgereisten Spielkarten soll dann der Tarot in Europa entstanden sein.

Beobachtungsvariante:

Tarotkarten sind aus Spielkarten entstanden. Spielkarten und Tarotkarten sind historisch nicht sauber nachzuverfolgen. Es gibt diverse Thesen, woher und über welche Wege Spielkarten und Tarot nach Europa gelangten.

Abb. 12

Wiederum andere Varianten verankern den Tarot als Unterhaltung und Ablenkung für einen überlasteten französischen König oder als Ausdruck mittelalterlicher Ikonographie in Frankreich (vgl. Farley 2009, S. 18 ff).

Durch eine mystische Brille erscheint Tarot als eine Jahrtausende währende Tradition (vgl. Der Alte Mystische Orden vom Rosenkreuz (Hrsg.) 1995, S. 205 ff; Frey und Banzhaf 1998, S. 9 ff). Einige wenige Auffassungen schreiben die mystische Schöpfung des Tarot einer Mysterienschule in Marokko oder einer mystischen indischen Tradition (vgl. Körbel 2001, S. 167; Bernoulli in Fröbe-Kapteyn 1935, S. 399) zu. Die am häufigsten vertretene Auffassung geht von einer Überlieferung aus den alten Mysterienschulen Ägyptens aus (vgl. Neff 2017). In allen Varianten handelt es sich um Bilder, die symbolisch und verschlüsselt das Werden und Entwickeln des Menschen symbolisieren und über verschiedene Mysterienschulen bewahrt worden sind.

Beobachtungsvariante:

Das Tarot stammt aus alten Mysterienschulen vergangener Hochkulturen. Es ist eine symbolische, verschlüsselte Anleitung zur höheren Entwicklung des Menschen, die verschiedene Entwicklungsstufen und Wege aufzeigt.

Abb. 13

Vor diesem Verständnis zeigt sich, dass die ursprüngliche Anwendung von Tarot sich nicht der Weissagung hinwendet, sondern mehr an der Entwicklung des menschlichen Selbst orientiert ist. Zu diesem Zweck steht hinter den Karten nicht nur eine bildhafte Symbolik, sondern es sollen verschiedene mystische Elemente darin verborgen sein. So u. a. die Zahlenmystik der Kabbala und die heilige Geometrie (vgl. Bernoulli in Fröbe-Kapteyn 1935, S. 400 ff). Darauf beruhen

Vermutungen, dass „[…] Tarot […] eine Synopsis der Hermes-Wissenschaften, d. h. eine Verbindung von Kabbala, Alchemie, Magie und Astrologie […]“ (Guekos-Hollenstein 2000, S. 10) sei. In all diesen Annahmen steht Tarot augenscheinlich in keinem Zusammenhang mit einfachen Spielkarten oder ist zumindest der Ursprung, aus dem sich einfache Spielkarten entwickelt haben.

Dabei ist anzumerken, dass sich derartige Überlieferungen oder Betrachtungen meist auf die 22 großen Arkana beziehen. Ebenso beziehen sich wissenschaftliche Arbeiten zur Deutung vornehmlich auf die großen Arkana. Ein Grund hierfür mag in der Annahme liegen, dass die kleinen Arkana ursprünglich nicht bebildert waren, und dies (angeblich) erst durch die Erarbeitung von Arthur Edward Waite und Pamela Coleman-Smith erfolgte (vgl. Körbel 2001, S. 183 f). Eine komplett bebilderte Version, das Sola-Busca Tarocci, entstand jedoch bereits ungefähr um das Jahr 1500 und kann im Britischen Museum betrachtet werden (vgl. ebd., S. 184).

3.2 Verschiedene Decks

Das besagte Tarot-Deck von Arthur Edward Waite und Pamela Coleman-Smith ist eines der beiden meist verbreiteten und bekanntesten Decks. Coleman-Smith zeichnete die Karten nach den Entwürfen Waites, der sie an die Vorgaben des Ordens Golden Dawn anpasste. In diesem Orden war es Ziel, dass jedes Mitglied sein eigenes Tarot entwickelte. Die Karten von Coleman-Smith sind in einem kunstvoll „[…] viktorianisch rosenkreuzerischen Stil gehalten […]“ (Körbel 2001, S. 183 f). Das zweite bekannte Deck ist das Tarot von Aleister Crowley und Lady Frieda Harris. Dieses Deck basiert grob auf denselben Vorgaben des Golden Dawn, in dem auch Crowley Mitglied war, bevor er zum Ordo Templis Orientis wechselte. Es hat allerdings den Anschein, dass die Künstlerin Harris die Gestaltung der Karten alleine vorgenommen hat und daher der Titel „Lady Harris Tarot“ (ebd., S. 189) passender wäre. Die Karten von Harris weisen eine starke Symbolpräsenz auf und sind künstlerisch ausdruckstark und variantenreich (vgl. ebd., S. 183 ff).

Viele neu entstehende Tarotvarianten orientieren sich an einem dieser beiden Klassiker, obgleich es auch mannigfaltige davon losgelöste Interpretationen gibt. Auch ältere Tarotschöpfungen existieren und können in Museen oder online betrachtet werden. Das rosenkreuzerische Tarot der AMORC Rosenkreuzer ähnelt in den Bildern den Darstellungen von Waite und Coleman-Smith, ist aber keinesfalls identisch. Diese Variante enthält zudem ausschließlich die großen Arkana.

In dieser Betrachtung zeigt sich, dass sich die von Jung postulierte Verbindung von sogenannten Geheimbünden (vgl Jung 1990, S. 88 ff) mit Symbolen und somit mit Tarot beobachten lässt. Menschen, die sich mit einem spirituellen oder esoterischen Interesse (vgl. Körbel im Interview 2018) zusammenschlossen und sich mit diesen Themen auseinandersetzten, haben erheblichen Anteil an der Überlieferung und Verbreitung von Tarot wie auch an der Vielfalt seiner Erscheinungsformen.

4 Systemischer Blick auf Beratung

Bevor Tarot nun systemisch brilliert (vgl. Arnold 2009, S. 29) werden kann, soll der systemisch orientierte Blick sich auf die Beratung an sich richten. Dazu muss zunächst beobachtet und unterschieden werden, was es ist, das als ein systemischer Blick bezeichnet wird.

„Systemisches Denken ist heftig in Bewegung, ähnlich vielleicht wie unsere Zeit überhaupt“ (Schlippe und Schweitzer 2003, S. 50). Die unterschiedlichen, seit den 1950er-Jahren historisch gewachsenen und teils widerstreitenden systemtheoretischen Ansätze beschreiben Schweizer und Schlippe als „systemtheoretische Wellen“ (ebd.). Aus den Bereichen der Biologie und Physiologie erwuchs die sogenannte Kybernetik erster Ordnung, die sich vornehmlich mit der Steuerung von technischen Systemen befasst. Dabei zielte der Blick alsbald auf das Halten von Gleichgewicht in komplexen, planbaren und steuerbaren Systemen und Prozessen (Homöostase). Die Übertragung dieser Ergebnisse auf den therapeutischen und beratenden Bereich führte dazu, dass z. B. in der Familientherapie die Familie oder in der Unternehmensberatung das Team als ein funktionales System definiert wurde, das gegebenenfalls von außen korrigiert werden könne und müsse. Dies erwies sich, in der Hinterfragung von definierten Normen und der Rolle des Beobachters, als nicht statthaft. Über das im Bereich der Chemie beobachtete Prinzip der dissipativen Struktur erwuchs, in Verbindung mit der in der Physik beobachteten Synergetik und Chaostheorie, die Erkenntnis, dass Systeme selbstorganisiert sein können. Somit wurden einige Systeme unplanbar und unvorhersehbar. Aus der Biologie heraus brachte die von Maturana erforschte Erkenntnis über die Autopoiese lebender Systeme eine neue Wellenbewegung in die tiefen systemtheoretischen Gewässer. Nun war deutlich, dass eine direktive Intervention in ein lebendes System nicht möglich ist. Aus dieser Welle erwuchs die Einigung mit dem radikalen Konstruktivismus: Die Realität ist stets beobachterinnenabhängig! Die Beraterin oder Therapeutin wird an dieser Stelle zu einer Begleiterin und legt die Rolle der Sach-Expertin ab. (vgl. ebd., S. 50 ff)

„So hebt diese Theorie die Unterscheidung in *Theorien über die Dinge* und *Theorien über das Erkennen* auf“ (ebd., S. 52). Die Unterscheidung an sich erscheint jedoch als das Wesentliche. In der Betrachtung systemtheoretischer Ansätze lassen sich u. a. die Theorie Beobachtung von Systemen (Kybernetik 1. Ordnung) und die Theorie über den Beobachter der Systeme (Kybernetik 2. Ordnung) unterscheiden. Im Verlauf wird klar: Systeme entstehen aus Unterscheidungen, wie z. B. innen und außen. Von Foerster prägte dabei die Unterscheidung der trivialen und nicht trivialen, also der steuerbaren und nicht steuerbaren, Systeme. Über die Bezeichnung der strukturellen Kopplung, die Maturana im Zuge seiner Beobachtung lebender, autopoietischer Systeme entdeckte, lässt sich z. B. die, trotz aller Unwahrscheinlichkeit, gelingende Kommunikation und somit Bildung sozialer Systeme erklären. (vgl. ebd., S. 52 ff)

Vor diesem Hintergrund lassen sich weiterhin der soziale Konstruktivismus (vgl. ebd., S. 78 ff), die personenzentrierte Systemtheorie (vgl. ebd., S. 74 ff) und die Systemtheorie als Super-Theorie nach Niklas Luhmann (vgl. ebd., S. 70 ff) unterscheiden. Besonders augenfällig scheint an der Systemtheorie Luhmanns das Heranziehen der Autopoiese nach Maturana zur Untermauerung der Lebendigkeit sozialer Systeme, die Maturana selbst ablehnt (vgl. Maturana und Pörksen 2002, S. 112).

Eine dezidierte Betrachtung der Entwicklung und der Ausprägungen wie auch Richtungen der Systemtheorie würde den Rahmen der vorliegenden Arbeit sprengen, sodass es bei diesem groben Abriss belassen bleibt.

Der systemische Blick der vorliegenden Arbeit schließt keine mögliche systemische oder konstruktivistische Sichtweise aus und fokussiert sich schwerpunktmäßig auf die Erkenntnistheorie nach Maturana und die luhmannsche Systemtheorie.

4.1 „Ich bin Hysterikerin.“ – Was ist *Ihre* Wirklichkeit?

Ein Fallbeispiel der Wirklichkeiten: Der Satz der Kapitelüberschrift entstand aus einer Kommunikation der Autorin, in der sie erläuterte, was für ein Studium sie beschäftigte. Um es knapp zu formulieren, sagte sie, sie sei Systemikerin und setzte an, etwas über Systemtheorie zu erzählen. Was jedoch verstanden wurde, war nicht Systemikerin, sondern Hysterikerin. Das beeinflusste die Kommunikation und sorgte für einen kurzen Moment der Konfusion (vgl. Watzlawick 2009, S. 13ff), bis alle Begrifflichkeiten geklärt waren. Nähme man folgende Antwortmöglichkeit an „Also, ich finde nicht, dass du das bist", so wäre das im Falle der Bezeichnung Hysterikerin schon schmeichelhafter als im Falle der Bezeichnung Systemikerin. Nähme man die Antwortmöglichkeit „Ja, das denke ich auch", so wäre dies im Falle der Bezeichnung Hysterikerin kaum schmeichelhaft, im Falle der Bezeichnung Systemikerin könnte es durchaus positiv aufgefasst werden. Was war aber in der Kommunikation passiert? Der Erfahrungsschatz und Sinnhorizont (vgl. Luhmann 2012, S. 92 ff) der kommunizierenden Personen war unterschiedlich, daher haben sie unterschiedliche Unterscheidungen und Bezeichnung verwendet. Diese passte nicht in den (jeweils) abgesteckten Kommunikationshorizont, und eine Verwirrung wurde konstruiert. Es konnte jedoch noch angeschlossen und eine geteilte Unterscheidung und Bezeichnung gefunden werden.

In Kommunikation tretende Personen stellen sich (als psychische Systeme) zur Verfügung, sie koppeln sich – für eine Zeitspanne – strukturell (vgl. Maturana und Pörksen 2002, S. 113) und bilden dadurch die relevanten Umwelten eines anderen Systems: des sozialen Systems. Das soziale System besteht nach Luhmann einzig aus aneinander anschließenden Kommunikationsoperationen. Mit dieser Annahme als Grundlage wird klar, dass ein soziales System dahingehend unabhängig existiert, als dass es die Umwelten lediglich benötigt, um Kommunikationen zu stellen. Die Umwelten sind jedoch kein Teil des Systems. Daraus folgt, dass die die Umwelten bildenden psychischen Systeme ebenfalls unabhängig sind. Auf dem Fundament der Autopoiese wird deutlich, dass diese Unabhängigkeit auch auf der operationalen Geschlossenheit der psychischen Systeme basiert. Jedes psychische System ist geschlossen, das bedeutet auch, dass niemand genau weiß, welche psychische Operation in einem Gegenüber stattfindet. Die Gedanken- und Gefühlswelt des Gegenübers besteht aus unzähligen Möglichkeiten und ist dem Beobachter somit kontingent (vgl. Luhmann 2012, S. 152 f). In der Gegenüberstellung zweier oder mehrerer psychischer Systeme entsteht in der Folge das

Problem der doppelten Kontingenz (vgl. ebd.). Dies ist einer der Gründe, warum gelingende Kommunikation unwahrscheinlich ist. Paradoxerweise ist es augenscheinlich so, dass Kommunikation in der Regel gut gelingt. Dieses Gelingen fußt auf der Prozessierung und Zuschreibung von Sinn (vgl. ebd., 93 ff). „Das Phänomen Sinn erscheint in der Form eines Überschusses von Verweisungen auf weitere Möglichkeiten des Erlebens und Handelns" (ebd.). Das psychische System als Umwelt des sozialen Systems sucht demzufolge nach einem Sinn in dem Verhalten seines Gegenübers, um die Kontingenz zu überwinden und eine komplexe Situation verstehbar wie auch handelbar zu gestalten. Dadurch kann das jeweilige, oder gemeinsame Verhalten koordiniert werden (vgl. Maturana und Pörksen 2002, S. 94). Das bedeutet jedoch nicht, dass der jeweils zugeschriebene Sinn der Zuschreibung des Gegenübers entspricht.

Beobachtungsvariante:

Psychische Systeme stellen die relevante Umwelt für soziale Systeme, indem sie sich strukturell koppeln und die Kommunikation stellen. Dabei sind sie füreinander unvorhersehbar und schreiben in ihrer eigenen inneren Prozessierung dem Geschehen Sinn zu.

Abb. 14

Wo in diesen jeweils unabhängigen Prozessierungen von Sinn liegt also die Wirklichkeit? „[Die] Beobachter[in] ist die Quelle von allem" (ebd., S. 27). Das psychische System oder Bewusstsein beobachtet seine Umwelt und schreibt dem beobachteten Verhalten einen Sinn zu. Der Ausgangspunkt für die jeweilige Sinnzuschreibung ist die

Erfahrungswelt des Systems (vgl. Maturana und Varela 2015, S. 30). Dabei ist das Gegenüber aus Sicht der Beobachterin von der Umwelt, oder dem Milieu nicht zu unterscheiden – das Gegenüber ist Umwelt (vgl. ebd., S. 196), und die Beobachterin ist die Schöpferin ihrer Wirklichkeit. Nach Maturana ist „[…] Erkennen […] ein andauerndes Hervorbringen *einer* Welt durch den Prozeß (sic!) des Lebens selbst" (ebd., S. 7).

Wir bringen unsere Welt und damit unsere Wirklichkeit permanent selbst hervor, da wir all unsere Wahrnehmungen auf Basis unserer Erfahrung in einer bestimmten Art und Weise betrachten und bewerten. Dabei greift jeder auf eigene Erfahrungen zurück. Das ist der Grund, weshalb von Foerster postuliert, dass das Beharren auf einen Wahrheitsbegriff und ein Recht-Haben, also das Beharren auf einer universell gültigen Wirklichkeit, Menschen trennt und letztlich Lügen erzeugt (vgl. Foerster und Pörksen 2011, S. 29), denn es gibt immer etwas, das man nicht sieht (vgl. ebd., S. 117 ff) und/oder nicht in die eigene Wirklichkeitskonstruktion einbeziehen kann. In der Folge ist erkenntlich, dass es die eine wahre Wirklichkeit nicht gibt, sondern immer eine eigene, eingefärbte, „brillierte" (Arnold 2009, S. 29) Wahrnehmung von Wirklichkeit.

4.2 Autopoiese, Selbstreferenzialität und Struktur

Was aber ist dieser Prozess des Sich-Selbst-Hervorbringens und wie ist dieser an Leben gekoppelt? Folgt man Maturana, so sind lebende Systeme ein Prozess an sich (vgl. Maturana und Varela 2015, 9 ff); Mehr noch „[…] ein System ist autonom, wenn es dazu fähig ist, seine eigene Gesetzlichkeit beziehungsweise das ihm eigene zu spezifizieren" (ebd., S. 55). Lebende Systeme sind also autonome Prozesse. Lebende Systeme zeichnen sich durch diesen Prozess des Sich-Selbst-Hervorbringens aus, den Maturana als Autopoiese bezeichnet. Sie entstehen aus sich selbst und erhalten sich selbst in einer andauernden rekursiven Schleife. So wie eine schlichte Amöbe sich immer wieder selbst erschafft und somit lebendig ist, so erschaffen sich auch komplexere lebende Systeme. Daraus erschließt sich, dass das „[…] Sein und Tun […]" (ebd., S. 56) eines autopoietischen Systems „[…]

untrennbar […]“ (ebd.) sind. Dabei geht es um den Prozess der Selbsterschaffung, wie auch um die daraus entstehende „[…] spezifische Art von Organisation“ (ebd., S. 56) und die Struktur. Dabei ist die autopoietische Einheit in einem unaufhörlichen Wandel begriffen, der erst mit der Auflösung des Systems, also dem Tod, endet (vgl. ebd., S. 84f).

Das Prinzip des autopoietischen Werdens zieht sich dabei von der kleinstmöglichen bis zur größtmöglichen Einheit. So besteht der menschliche Körper beispielsweise aus grob 100 Billionen Zellen (vgl. Schüring 2003), die sich in einer bestimmten Struktur zu einer größeren Einheit gekoppelt haben.

Beobachtungsvariante:

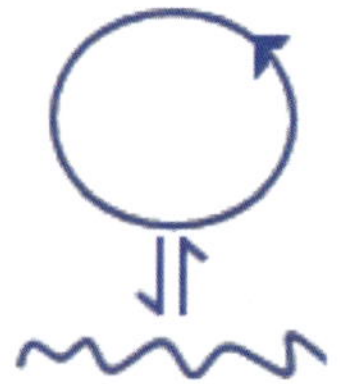

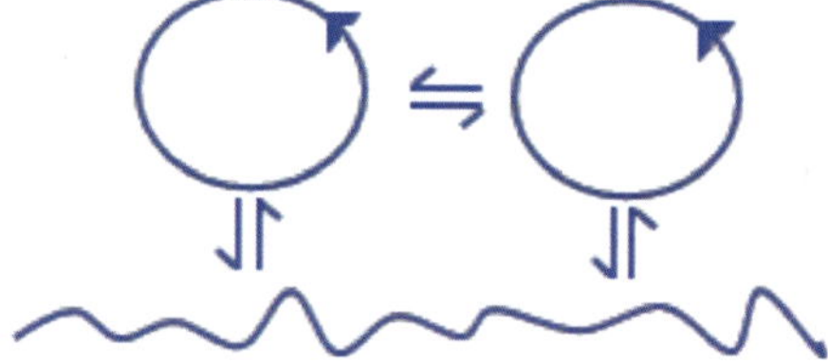

nach Maturana (Maturana und Varela 2015, S. 84)

Abb. 15	Abb. 16
autopoietische Einheit und Umwelt	Zwei autopoietische Einheiten sind einander Quelle von Interaktionen, die jede für sich strukturell verarbeitet.

Der Körper ist, als Metazeller, eine abgegrenzte und autopoietische Einheit (vgl. Maturana und Varela 2015, S. 89), die sich durch eine Umwelt bewegt. Das Bewusstsein des Menschen ist wiederum eine autopoietische Einheit, die sich nicht nur in ihrer Umwelt bewegt, sondern über die Sprache bewusst unterscheidet und bezeichnet (ebd., S. 227). Ein lebendes, beobachtendes, selbsterschaffendes System. Für eine systemische Sicht auf Beratung ist dies wesentlich: Aus der individuellen Autopoiese ergibt sich eine operationelle Geschlossenheit (vgl. ebd., S. 179 f) und Selbstreferenz. Die autopoietische Einheit stellt Maturana als einen Kreis in Bewegung dar. Anders gesagt zeigt sich der Prozess der Selbsterschaffung als zirkuläre Bewegung. Diese zirkuläre Bewegung bedingt sich durch aneinander anschließende Operationen. In seiner Autopoiese schließt das lebendige System unaufhörlich eine Operation an eine nächste Operation und generiert durch diese Rekursivität einen stabilen Eigenwert (vgl. Foerster und Pörksen 2011, S. 60 f). Was auch immer das System also tut und in einen wiederholenden Prozess bringt, wird zum Sein. So erzeugt sich auch das menschliche Bewusstsein permanent selbst, indem es sich seiner selbst bewusst wird oder ist.

Beobachtungsvariante:

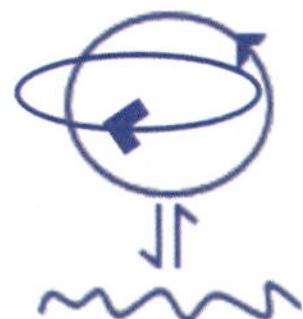

autopoietische Einheit mit Nervensystem => versch. gekoppelte autopoietische Prozesse

Abb. 17: nach Maturana (Maturana und Varela 2015, S. 192)

Das Ich erwächst als stabiler Eigenwert aus der Prozessierung des Erkennens seiner Existenz (vgl. ebd., S. 94 f). In seiner Geschlossenheit bezieht das Bewusstsein sich zur Prozessierung seiner Selbst stets auf sich selbst und seine Erfahrungen (vgl. ebd., S. 94 f; vgl. Maturana und Pörksen 2002, S. 30 ff). Es ist seine eigene Referenz und Grundlage für die Unterscheidungen und Bezeichnungen, mit denen es seine Wirklichkeit kreiert.

Die Umwelt des autopoietischen, selbstreferenziellen Systems liegt außerhalb desselben und kann nicht in sein Inneres gelangen. Dennoch ist sie nicht unwesentlich, stellt sie doch den Raum für Bewegung und Beobachtung zur Verfügung. In diesem Raum bieten sich dem lebenden System Möglichkeiten der Irritation und Perturbation. Die Erfahrungswerte des autopoietischen Systems liegen in ihm selbst, doch sie entstehen aus einer Interaktion des Systems mit dem Außen. Das System nimmt die Umwelt in der Definition der eigenen Wirklichkeit wahr und agiert auf Basis seiner Selbstreferenzialität. Was auch immer in der Umwelt passiert, bezieht das System im Sinne seiner Autopoiese und Selbstreferenz auf sich und seine Erfahrung und gestaltet so erneut seine Wahrnehmung. Die Perturbation kann also lediglich etwas anstoßen oder auslösen. Der Prozess der Aktion verbleibt einzig im lebendigen System. (vgl. Maturana und Varela 2015, S. 84; vgl. Foerster und Pörksen 2011, S. 80 ff)

Das lebendige System ist in seiner Autopoiese und Selbstreferenzialität jedoch nicht starr. Die Möglichkeit, sich zu verändern und zu lernen, scheint ein wesentlicher Teil des Lebendigen zu sein. Es ist erforderlich, sich zu verändern und anzupassen, um das Fortbestehen der eigenen Existenz zu sichern. Hier liegt der Impuls des zuvor beschriebenen unaufhörlichen Wandels lebender Systeme, den Maturana betont (vgl. Maturana und Pörksen 2002, S. 27). Eine Perturbation, die in Interaktion mit dem autopoietischen System tritt, löst möglicherweise eine Veränderung aus. Diese Veränderungen betreffen nicht das System an sich, sondern seine Struktur (vgl. ebd., S. 72). „Autonomie im menschlichen Bereich bedeutet, dass etwas, das einen ausmacht, erhalten bleibt“ (ebd., S. 77). Das Bewusstsein, das psychische System, das den Menschen in seiner Eigendefinition und Selbsterkenntnis ausmacht, erhält sich somit unabhängig von der Struktur; zumindest so lange das System weiterhin fortbestehen kann. Ein Eingriff in die Struktur, der ein Fortbestehen verhindert, führt zwangsweise zum Ende der Existenz. Dieser Umstand lässt sich in einfachen Beispielen verdeutlichen:

Variante A: Frau Living erleidet einen tödlichen Unfall. Ihre Struktur hat sich so verändert, dass ein Fortbestehen unmöglich ist. **Variante B:** Frau Living erleidet einen schweren Unfall. Frau Living überlebt. Allerdings hat sie durch den Unfall eine schwere Rückenverletzung erlitten und ist fortan querschnittsgelähmt. Das ist eine massive Veränderung ihrer Struktur. Das System existiert weiterhin. Die Person Frau Living ist und bleibt die Person Frau Living. Aufgrund ihrer psychischen Struktur wird sie sich vielleicht schnell in die neue körperliche Struktur einfinden und sich freuen, dass sie lebt; vielleicht wird es ihr schwerfallen, sich in die neue körperliche Struktur einzufinden, und sie braucht psychologische Begleitung. Wie sie mit dieser Strukturveränderung umgeht, ist abhängig von ihrer individuellen Wirklichkeit, ihren Erfahrungen, ihrer Persönlichkeit. **Variante C:** Frau Living erleidet einen Unfall, den sie weitgehend unverletzt übersteht. Sie hat eine schmerzhafte Wunde und benötigt einige Zeit eine medizinische Behandlung, hat aber keine langfristigen oder massiven Strukturveränderungen. Aus dieser Erfahrung heraus verändert Frau Living vielleicht ihren Umgang mit ähnlichen Gefahrensituationen, sie könnte sorgsamer werden oder auch besonders wagemutig. **Variante D:** Frau Living hätte beinahe einen Unfall gehabt, aber die Situation schnell erkannt und einen Unfall verhindert. Möglicherweise hat Frau Living jetzt Angst, dass sie einmal nicht aufmerksam genug ist, und lässt sich zunehmend von dieser Angst beherrschen. Möglicherweise ist sie nur kurz geschockt und dann erleichtert. Sie vergisst den Vorfall schnell wieder. **Alle Varianten:** Wie Frau Living reagiert, ist unvorhersehbar.

Derartige Beispiele können in großem Variantenreichtum durchdacht werden. Das Wesentliche in diesem Zusammenhang ist, dass die Person in ihrem Sein bleibt, wer sie ist. Sie verändert sich lediglich in ihren Strukturen. Veränderungen sind also strukturdeterminiert (vgl. ebd., S. 78 f). Diese Veränderungen, die gemeinhin als Lernen bezeichnet werden können, bezeichnet Maturana als strukturelles Driften (vgl. Maturana und Varela 2015, S. 186 f) und ist gleichsam Ausdruck einer strukturellen Kopplung (vgl. ebd., S. 188).

Wie in Abbildung 16 (die sich auf das in Abbildung 17 dargestellte System mit Nervensystem übertragen lässt) veranschaulicht, existieren verschiedene autopoietische Systeme, die sich in der Umwelt begegnen können. Für die innere Dynamik des Systems ist das jeweils andere System nicht von der Umwelt zu unterscheiden. Das jeweils andere System ist eine Quelle für Perturbationen. Die Systeme können in Interaktion treten und jedes agiert auf Basis seiner Struktur.

Wird diese Interaktion rekursiv, driften die Systeme gemeinsam. Es entsteht eine strukturelle Kopplung der dritten Ordnung. Diese Kopplung zeigt sich in sozialen Phänomenen. Es entstehen soziale Systeme, in denen autopoietische Systeme sich koppeln und beginnen, ihr Verhalten zu koordinieren. So inkarniert Kommunikation. Dabei existiert Kommunikation in der Kopplung autopoietischer Systeme mit und ohne Nervensystem. Kommt die sprachliche Dimension hinzu, so entsteht Bewusstsein und die Befähigung zur Verantwortung. (vgl. ebd., S. 196 ff)

Dieser Unterschied ist wesentlich in der Beobachtung von Beratung aus systemischer Perspektive. Vor den nun festgestellten Hintergründen soll in der Beratungssituation eine strukturelle Kopplung geschaffen werden, die eine derart gestaltete Irritation oder Perturbation des beratenen Systems stellt, dass dieses sich selbst befähigt zu driften.

Beobachtungsvariante:

Die Beobachterinnen erkennen/reflektieren die Masterarbeit und erschaffen sie. Dabei stützt ihr individueller Prozess des Schaffens sich auf die Referenz ihrer eigenen Erfahrung und Struktur. Ihr innerer Moment der Zirkularität gebiert den stabilen Wert individueller Realität.

Abb. 18

4.3 Was passiert in Beratung?

„Alle Formen der Beratung sind Formen der Kommunikation" (Simon 2014, S. 7). Doch zunächst einmal ist Beratung ein Moment, in dem sich autopoietische Systeme als Umwelten begegnen und sich die Möglichkeit einer Kopplung schaffen. Zumeist hat zumindest eines der beteiligten Systeme die Absicht, ein strukturelles Driften zu bewirken. Um das zu erreichen, entsteht zwischen den Systemen Kommunikation.

Legt man Luhmann zugrunde, bedeutet das weiterhin, dass ein weiteres autopoietisches System entsteht: ein soziales System. Dieses in der besonderen Konstellation inkarnierende soziale System ist ein Beratungssystem. Der Vollständigkeit halber ist nicht außer Acht zu lassen, dass die sich im Beratungssystem koppelnden Systeme nicht zwingend einzelne psychische Systeme sein müssen. Sowohl auf der beratenden als auch auf der beratenen Seite kann ein soziales System stehen, z. B. ein Team von Beraterinnen oder ein Team, das beraten wird (vgl. ebd., S. 8 f u. S. 21 ff).

Das angestrebte Driften der Struktur kann alle möglichen Bereiche betreffen, es geht dabei beispielweise um eine Änderung im Verhalten, um die Klärung eines Zustands, um fachliches Erlernen oder Verbessern von etwas. Beratung ist ein weit gefasster Begriff und es haben sich diverse spezifische Formen und Themenbereiche ausgebildet, die alle zu beschreiben den Rahmen der vorliegenden Arbeit sprengen würde.

Wesentlich für die Auseinandersetzung mit Tarot in diesem Zusammenhang ist die Feststellung von Beratung als Moment der Kopplung über eine zweck- oder sinngebundene Kommunikation, die sich auf die Absicht gründet, ein als positiv oder erfolgreich empfundenes Driften zu ermöglichen. In der Verwirklichung dieses Moments entscheidet sich die Frage nach der Wirksamkeit, auf der die Beobachtungsrichtung der vorliegenden Ausarbeitung liegt.

4.3.1 Prinzipien der Systemischen Beratung

Die für die Fragestellung der vorliegenden Arbeit im Fokus stehende Ausformung von Beratung ist die systemische Beratung. Anhand einer Geschichte lassen sich ihre Grundlagen und die dahinterliegende Haltung gut erfassen:

„Along this line, he told a story about a horse that wandered into his family's yard when he was a young man. The horse had no identifying marks. Erickson offered to return the horse to its owners. In order to accomplish this, he simply mounted the horse, led it to the road, and let the horse decide which way it wanted to go. He intervened only when the horse left the road to graze or wander into a field. When the horse finally arrived at the yard of a neighbor several miles down the road, the neighbor asked Erickson, ‚how did you know that that horse came from here and was our horse?' Erickson said ‚I didn't know – but the horse knew. All I did was to keep him on the road." (Rosen, 46 f)

An dieser Erinnerung von Milton Erickson wird deutlich, dass eine Beraterin immer die Möglichkeit hat, sich bewusst zu machen, dass die Beratene selbst die Lösung in sich trägt. Es ist für die Beraterin nicht notwendig zu versuchen, direktiv auf die Beratene einzuwirken. Vielmehr ist dies aus systemischer Sicht unerwünscht. Die systemische Beraterin möchte die Beratene in deren eigenen Prozessen zu deren eigener Lösung begleiten. Die Beratene ist Expertin in eigener Sache. Die Beraterin ist Expertin darin, die Ratsuchende auf dem Weg oder bei der eigenen Sache zu halten, ihr alternative Perspektiven anzubieten und ihr dadurch eine Erweiterung von Handlungsoptionen zu ermöglichen.

Was ist erforderlich, um eine Beratung in dieser Form gestalten zu können? Schweitzer und Schlippe sprechen von systemischen Prämissen. Damit umschreiben sie die Haltung und Herangehensweise einer systemischen Beraterin. Grundlegend ist zunächst, dass die Beraterin versucht, die Spielräume der Klientin zu erweitern und neue Möglichkeiten in den Fokus zu bringen. Daher ist letztlich das einzige Tabu das Tabu. Damit ist gemeint, dass die Beraterin keine neuen Grenzen schafft und Möglichkeiten einschränkt. Das könnte beispielsweise durch ein Beharren auf Recht und Unrecht oder ein Auferlegen von starren Regeln bewerkstelligt werden. Um das Tabu des Tabus zu wahren, ist eine Offenheit der Beraterin erforderlich, in der sie neugierig auf die Ratsuchende und ihre Situation zugeht und sich nicht in einer eigenen Wissenskonstruktion verhaftet. Eine Haltung des Nicht-Wissens lässt sich mit einer Respektlosigkeit gegenüber

Wissen verbinden. Eine systemische Beraterin kann, darf und soll also alles in Frage stellen, oder eben nicht. In diesem Aspekt der Haltung entsteht Flexibilität und das öffnet wiederum Handlungsräume. Wesentlich in der Haltung der Systemikerin ist zudem die Neutralität. Damit ist nicht gemeint, dass der Beraterin alles egal sein sollte, sondern dass sie offen bleibt und mögliche Gedanken neutral formuliert oder als relativen, ablehnbaren Gedanken definiert. Außerdem ergreift die systemische Beraterin keine Partei – es sei denn für alle Beteiligten gleichermaßen. Das wiederum bedeutet, dass sie sich in die verschiedenen Positionen eindenken und -fühlen kann. In diesem Zusammenhang orientiert sie sich an den Ressourcen der Ratsuchenden und fokussiert Lösungsmöglichkeiten. Um dieses Bestreben zu stützen, bildet die systemische Beraterin systemische Hypothesen; also Hypothesen, die nicht Gegenstand einer Beweisführung, sondern vielmehr einer Vielfalts- und Nützlichkeitskreation sind. Deshalb ist es zielführend, in den Hypothesen alle Akteure wertschätzend einzubinden. Das Ziel der systemischen Beraterin ist es, die Klientin hilfreich in ihrem Driftungsbestreben zu unterstützen. Dazu ist es unabdingbar, dass die Beraterin sich an den Zielen und Wünschen ihrer Klientin orientiert. Nur wenn sie diese kennt, kann sie hilfreich und wirksam für die Beratene sein. Ob die Beratung hilfreich und erfolgreich ist, entscheidet die Kundin. Demnach muss die Beraterin zu Beginn der Beratung eine genaue Auftragsklärung durchführen. Einem Beratungsanliegen liegt zumeist ein Veränderungs- oder Driftungsbestreben zugrunde. Daraus lässt sich schließen, dass – in welchem Zusammenhang auch immer – eine Situation nicht (mehr) zufriedenstellend ist. Um die gewünschte Veränderung anzuregen, ist es erforderlich, eingespielte Muster zu unterbrechen und die Möglichkeit für neue Abläufe und Muster zu generieren. Dies kann aus systemischer Sicht nicht in direkter direktiver Intervention gelingen, sondern über Perturbationen, die die Muster verstören oder unterbrechen können. Geschieht dies, ist eine systemische Intervention gelungen (vgl. Schlippe und Schweitzer 2003, S. 116 ff).

In der Rolle der Beraterin liegt, unabhängig von der Form der Beratung, auch eine Verantwortung. Wie zuvor festgestellt, bedingt

Sprache Bewusstsein und somit Verantwortung (vgl. Maturana und Varela 2015, S. 196). Sprache ermöglicht Reflexion und Selbstbeschreibung und entgrenzt unsere Möglichkeiten (vgl. ebd., S. 227 ff). Sprache erzeugt Realität (vgl. Foerster und Pörksen 2011, S. 101 ff). Die Verantwortung der Beraterin liegt auch darin, mit der Realität, die sie ihrer Klientin zur Verfügung stellt, sensibel umzugehen, sodass es ein Zur-Verfügung-Stellen bleibt und sich nicht in ein Über-alles-Stellen wandelt und verfestigt. Es reicht also nicht aus festzustellen, dass es der Beraterin Tabu sein sollte, Tabus festzulegen. Insbesondere muss die Beraterin sich ihrer Verantwortung bewusst sein und sich selbst in einen reflexiven Prozess begeben. So kann sie sich darüber klar sein, dass auch ihre Beobachtungen lediglich Beobachtungen sind, die von ihrer ganz eigenen Wirklichkeit gefärbt sind. In der aufmerksamen Selbstreflexion wie auch dem achtsamen Umgang mit Sprache, Wirklichkeit und den Beteiligten liegt der Schlüssel zur Verlebendigung einer systemischen Haltung.

Beobachtungsvariante:

Die systemische Beraterin ist Beobachterin verschiedener Ebenen. Sie stürzt sich respektlos in ein Nicht-Wissen. Sie findet den Weg professioneller Narretei. Sie findet Möglichkeiten und lässt die Klientin probieren und verwerfen. Sie folgt der Beratenen auf deren Wegen.

Abb. 19

4.3.2 Negative Aspekte im Beratungskontext

Eine von Respekt und Vertrauen getragene Kommunikation stützt das Gelingen der Beratung. Während der Interviews zu der vorliegenden Masterthesis zeigten sich Gedanken und Fragen zur Seriosität von Beraterinnen. Diese bezogen sich auf alle Beratungsformen einschließlich Therapie. Einige der Befragten hatten Beobachtungen im Kontext von Beratung, die sie als wenig hilfreich oder sogar als unseriös empfanden. Das betraf eigene Erfahrungen wie auch Erfahrungen im Bekanntenkreis. Die Auseinandersetzung mit Beratung erscheint daher auch die Einbeziehung möglicher negativer Aspekte zu sein. Beratung ist nicht nur ein weites, sondern zuweilen auch ein schwieriges Feld. Die beschriebene Verantwortung, welche die Beraterin trägt, ist erheblich. Eine Beraterin ist ein psychisches System. Ein System mit eigenen Prozessen. Da Beratung ausschließlich als soziales System lebt, können sich ungewollte Dynamiken entwickeln.

Egal in welchem Kontext, in welcher Profession oder Methode „Der Übergriff ist überall möglich!“ (Schwarz im Interview 2018). Ein Verlassen einer angemessenen Beratungsbeziehung kann sowohl von der Beratenden als auch von der Beratenen ausgehen. Gleichwohl liegt es in der Verantwortung der Beratenden, dies zu erkennen, und die Angemessenheit der Kommunikation zu wahren.

Übergriffiges Verhalten einer Beraterin könnte z. B. in der Wahrnehmung des Rechthabens liegen. Daraus könnte ein Ringen um Macht oder sogar ein Machtgefälle entstehen, das sich in einer neuen Kommunikation etabliert. Möchte die Beraterin Recht haben, Macht über die Klientin haben und Entscheidungen abnehmen, so beginnt sie gegebenenfalls, sich manipulativ zu verhalten. Sie nutzt ihre kommunikativen Kompetenzen, um der Ratsuchenden ihre Wirklichkeit als absolute Wirklichkeit zu übergeben. In solch einer Situation fände sich ein enormer Vertrauensmissbrauch und keine Professionalität. Diese Variante von Worst Case muss nicht willentlich herbeigeführt werden. Es kann durch die selbstreferenzielle Struktur der Beraterin ungewollt und unbemerkt geschehen. Auch das Innere der Beraterin ist ihrem Umfeld verborgen und auch in ihren Prozessen können rekursive Muster operieren, die eine professionelle Beratungssituation nicht stützen, sondern hindern. Dies muss der Beraterin nicht zwingend bewusst sein, denn es gibt für jede Beobachterin einen blinden Fleck, jenes was man nicht sieht und erkennt (vgl. Foerster und Pörksen 2011, S. 117 ff). Als Beobachterin ist die Beraterin in einem zirkulären Prozess Teil der Beobachtung (vgl. Maturana und Pörksen 2002, S. 26 f). Dies ist einer der Gründe für die Wichtigkeit der Haltung und der Selbstreflexion von Personen im Beratungskontext. Dazu gehört es zudem, sich um eine Außenperspektive zu bemühen. Die kann sie z. B. erfüllen, indem sie selbst die Möglichkeiten regelmäßiger Angebote aus Beratung, Coaching und Supervision nutzt.

Selbstverständlich gibt es auf der anderen Seite auch Klientinnen, deren innere Struktur der gelingenden Beratung in einem bestimmten Kontext nicht dient. Hier gilt es zunächst, z. B. in der Auftragsklärung, festzustellen, was die Klientin möchte, und ob dies mit dem Beratungsangebot zusammenpasst. Unter Umständen ergibt sich daraus, dass die Ratsuchende sich mit einer anderen Beraterin oder einer anderen Beratungsform besser fühlt. So gibt es beispielsweise Beratungsanliegen, die mit einer Experten-Beratung besser bedient sind als mit einem systemischen Beratungsansatz. Aus einem Vorgespräch kann sich somit ergeben, dass die Beraterin den Auftrag nicht annimmt. Beides ist ein wichtiges und gutes Ergebnis.

Eventuell kommt es im Beratungsprozess dazu, dass die Beratene Verantwortung abgeben möchte und diese vollends auf die Beraterin projiziert. Individuell mag es Situationen geben, in denen das (zeitweise) hilfreich und richtig ist – Insofern soll dies auch für die systemische Beratung nicht tabuisiert werden. Dennoch ist es im Kontext systemischer Beratung notwendig, die Verantwortung, die Wahl und die Entscheidung bei der Klientin zu lassen. Statt ihr diese abzunehmen, könnte die Beraterin die Kundin durch ihre Möglichkeiten navigieren, bis diese die für sie passende gefunden hat.

Im Annehmen der Verantwortung wie auch Selbstverantwortung beider Parteien des Beratungssystems entsteht, in Verbindung mit Empathie und Wertschätzung, ein professionelles Vertrauensverhältnis. So kann ein tragfähiges Fundament für gelingende Beratung und den Umgang mit möglichen Problemsituationen gelegt werden.

5 Brückenschlag: Systemische Beratung und Tarot

Auf den Fundamenten der Betrachtungen von Tarot und systemischer Beratung kann die Brücke gebaut werden, die diese beiden – unterschiedlich scheinenden – Themen verbindet. Essentiell in diesem Zusammenhang ist die Möglichkeit, sich beraten zu lassen oder sich selbst zu beobachten. So ist systemische Beratung letztlich das Einholen einer Beobachtung, um die Selbstbeobachtung – bewusst oder unbewusst – zu ermöglichen. Auf Grundlage der Wirklichkeit des selbstrefenziellen, autopoietischen, psychischen Systems stellen Beraterinnen oder Tarotkarten sich als Umwelten zur Verfügung, die die Schöpfung einer neuen Sicht- oder Handlungsmöglichkeit im Inneren des Systems ermöglichen. In der Auffassung der Autorin kann Tarot insbesondere ein gangbarer Weg in eine Beobachtung der zweiten Ordnung sein; also eine Brücke in die Selbstbeobachtung und Selbstermächtigung der Ratsuchenden. In der Folge erscheinen sowohl systemische Beratung als auch Tarot die Möglichkeit der Spiegelung zu bieten. Maturana betrachtet Selbstbeobachtung und (Selbst-)Erkenntnis als wesentlichen Prozess des bewussten Seins:

> „Der Augenblick der Reflexion vor einem Spiegel ist immer ein ganz besonderer Augenblick, weil es der Augenblick ist, indem wir uns des Teiles unserer selbst bewußt (sic!) werden den wir auf keine andere Weise sehen können. […] Die Reflexion ist ein Prozeß (sic!), in dem wir erkennen, wie wir erkennen, das heißt eine Handlung, bei der wir auf uns selbst zurückgreifen." (Maturana und Varela 2015, S. 29)

In der einschlägigen Deutungsliteratur zum Tarot findet sich die Ansicht, dass Tarotkarten der Selbstreflexion dienen:

> „So wie wir einen Spiegel benützen, um unser Äußeres zu betrachten, können wir die Bilder des Tarot gebrauchen, um uns unserer inneren Wirklichkeit zu nähern." (Ziegler 1991, S. 9)

Unterdessen erscheint Wirklichkeit, wie in Kapitel 4.1 behandelt, als eine Konstruktion des wahrnehmenden Systems. Daraus lässt sich der Schluss ziehen, dass auch Beratungsmethoden Konstruktionen sind, die von psychischen Systemen unterschieden und benannt werden. In der weiteren Betrachtung erschließt sich, dass auch Tarotkarten eine Konstruktion sind, die durch die Wahrnehmung der Betrachterin ihre Unterscheidung und Benennung finden. Somit zeigt sich das modellhafte Empfinden von Tarot als schlüssig, das sich z. B. bei Schwarz finden lässt (vgl. Schwarz 2005, S. 27 ff), die Tarot ebenfalls systemtheoretisch interpretiert und im Zuge dessen als systemische Beratungsmethode definiert (vgl. Schwarz 2008, S. 12 f). In dieser Betrachtung und Kreation der Wirklichkeit von Tarot und systemischer Beratung lässt sich die rosenkreuzerische Sicht auf Tarot schlüssig einbinden. „Die Bilder des Tarot in seiner Tradition widerspiegeln stets das gegenwärtige Leben im Gesamten" (Neff im Interview 2018), sagt Neff im Interview. Tarotkarten erscheinen als ein Spiegel der Realität der Betrachterin. Sie kann sich ihrer inneren, wie auch ihrer als äußerlich empfundenen Wirklichkeit zuwenden. Das bedeutet, dass die Betrachterin sich eine Möglichkeit der Beobachtung erschafft, mit der sie Emotionen und Gedanken ebenso reflektieren kann wie Situationen oder äußere Strukturen. Dabei bieten die Tarotkarten als Reflexions- und Beratungsmethode ein Modell ihrer Realität bzw. ihres Lebens (vgl. Schwarz im Interview 2018), anhand dessen sie ihre Wahrnehmungen und inneren Strukturen aus einer ggf. unbeobachtbaren Position in eine beobachtbare Position transferieren kann.

5.1 Tarot als systemisches Werkzeug

Der Kern der Nutzbarkeit von Tarot als systemisches Werkzeug liegt in ebendiesem Transfer und der resultierenden Reflexion. Unter Zugrundelegung der betrachteten systemischen Prinzipien und der Geschichte des verirrten Pferdes von Erickson[7] wird erkenntlich, dass die systemische Beraterin die Ratsuchende zu ihrer eigenen Lösung

[7] siehe 4.3.1

und Selbstreflexion begleitet. Wie dies nun mit Tarot geschehen soll und was dabei zu beachten ist, betrachtet die Autorin mit den Leserinnen im Folgenden.

5.1.1 Möglichkeiten und Grenzen

Beobachtungsvariante:

Systemische Beratung und Tarot verbinden sich an der Schnittstelle von Beobachtungsermöglichung und Erkenntniserschaffung. So bedingen beide die Verwirklichung eines inneren Driftungsbestrebens der Ratsuchenden – unabhängig von der Art des lebenden Systems.

Abb. 20

Systemische Werkzeuge ermöglichen der Beratenen die Beobachtung aus verschiedenen Perspektiven und gegebenenfalls ein Erkennen, wie auch eine Veränderung der Haltung und somit des Verhaltens und einer Situation. Dabei können soziale Systeme und ihre Umwelten ebenso beobachtet werden wie einzelne psychische Systeme. In der Tarot-Nutzung, wie die Autorin sie versteht, geht es vornehmlich darum, sich selbst und/oder eine Situation und den eigenen Umgang damit zu beobachten. Das ist sowohl in einer Beratungssituation als auch in einer eigenständig durchgeführten Nutzung möglich. So wie beispielsweise verschiedene Formen der systemischen Fragen oder die systemische Aufstellung die Beratene in verschiedene und neue Sichtweisen führen kann, so kann es auch die systemische Nutzung von Tarotkarten. Die Verbindung von Tarot und anderen systemischen Werkzeugen ist möglich. So verbindet Schwarz z. B. die Tarotkarten mit der Aufstellung. Die Karten sind dabei Stellvertreter und verdeutlichen symbolisch die Sichtweise der Ratsuchenden, und anhand der vielschichtigen Symbolik der Karten können dann neue Sichtweisen erarbeitet werden (vgl. Schwarz im Interview 2018). Um Tarot mit anderen Beratungsmethoden zu verbinden, sollte zunächst das Werkzeug Tarot selbst gekannt und beherrscht werden. Dazu gehört es unter anderem, sich mit der Geschichte des Tarot und mit der Symbolik und Bedeutung zu befassen. Der überlieferten Symbolik wird aus verschiedenen Traditionen (vgl. Körbel im Interview 2018, Neff im Interview 2018) eine große Bedeutung beigemessen und sie wird daher oft mit den Archetypen nach Jung in Verbindung gebracht. Leichtfertige, oberflächliche und wörtliche Deutungen, wie z. B. „Oh, der Teufel, das ist was Schlechtes!" oder „Ah, die Liebenden, das ist was Gutes!" sind kaum hilfreich und können zu verheerenden Folgen führen.

Fallbeispiel: Herr Neugier kauft sich Tarotkarten. Er möchte das gerne ausprobieren. Außerdem hat er Probleme in seiner Beziehung. Seine Lebensgefährtin, die vor kurzem bei ihm eingezogen ist, verhält sich seitdem zunehmend aggressiv. Erst gestern hat sie ihn angeschrien und einen Teller gegen die Wand geworfen. Herr Neugier möchte wissen, wie er sich verhalten soll. Außenstehende möchte er nicht einbeziehen, es ist ihm auch ein bisschen peinlich. Also zieht er in einem ruhigen Moment eine Karte. Das Ergebnis: die Liebenden. Herr Neugier ist ganz bewegt. Er wusste doch, dass seine Lebensgefährtin ihn liebt, genauso, wie er sie ja schließlich liebt. Das ist doch das Wichtigste. Auch das Bild sieht so schön aus, als würde eine Hochzeit stattfinden und Kinder sind auch dabei. Das macht Herrn Neugier große Hoffnung. Daher braucht er auch nicht in das Buch zu schauen, er weiß ja jetzt Bescheid. Er muss nur liebevoll und geduldig sein, dann renkt sich alles ein und eine wunderbare Zukunft liegt vor ihm. Doch nur wenige Wochen später eskaliert die häusliche Situation. Es gibt einen Streit, und seine Lebensgefährtin demoliert nicht nur die Wohnzimmereinrichtung, sondern schlägt auch zu. Herr Neugier hat nun ein Veilchen und versteht die Welt nicht mehr. Was hat das noch mit Liebe zu tun? War er nicht liebevoll und geduldig und verständnisvoll genug? Was hätte er noch tun können? Was ist nur mit seiner Freundin los? Die Karten haben doch gesagt, sie sind die Liebenden! – Was ist von außen betrachtet geschehen?

1. Herr Neugier hat die Karten nicht reflektierend auf sich und seine Beziehungssituation gedeutet, sondern sich seiner Sehnsucht hingegeben, die sich in seiner ersten Assoziation mit den Liebenden gespiegelt hat: eine erfüllte und harmonische Liebesbeziehung mit Zukunft und Familie.
2. Herr Neugier hat sich mit dem Thema Tarot nicht beschäftigt und auch die unterstützende Literatur nicht genutzt. Gleichzeitig hatte er keinerlei Erfahrung mit diesem Instrument, seinen Möglichkeiten und Grenzen.
3. Herr Neugier hat die Deutung wörtlich genommen. Dahinter lässt sich vermuten, dass Herr Neugier den Tarotkarten eine Art mysteriöse oder magische Kraft zuschreibt, die ihm sagt, was passiert, was richtig oder falsch ist oder schlicht: was ist.

Hat Herr Neugier falsch gehandelt? Nein. Herr Neugier hat auf Basis seiner Erfahrungen und nach seiner Wahrnehmung gehandelt. Damit war es das Bestmögliche, was Herr Neugier tun konnte. Als psychisches System sind Menschen vergangenheitsabhängig. Die wahrnehmenden Prozesse in der Generierung von Sinn und Wirklichkeit beziehen sich stets auf bisher Erfahrenes und Definiertes. Herr Neugier ist seine eigene Referenz. Sein Versuch mit Tarotkarten führte nicht zu dem gewünschten Resultat. Es war nicht hilfreich. Die leichtfertig-wörtliche Deutung führte für Herrn Neugier nicht in einen Reflexionsprozess, sondern in eine Bestätigung seines Wunsches. Das kann vielfältige Gründe haben, z. B. dass Herr Neugier erlernten Beziehungsmustern folgt. Egal auf welche Erfahrungswerte und inneren Prozesse Herr Neugier sein selbstreferenzielles Handeln bezieht, wird deutlich, dass die Selbstreferenz des psychischen Systems eine Grenze der Nutzung jedweder Methode sein kann. Die Nutzerin oder Beratene selbst bestimmt, ob und wie hilfreich ein Weg für sie ist. Unter Umständen ist eine Methode einfach nicht passend und kann die Ratsuchende nicht erreichen. Dies kann sowohl in der alleinigen Anwendung einer Methode sein als auch in einer Beratungssituation.

In der Beratungssituation ist es wiederum die Verantwortung der Beraterin mit der Klientin, einen geeigneten Rahmen abzustecken und die Angemessenheit wie auch Wirkung eines Instruments zu beobachten und einzuschätzen. Würde eine Beraterin mit diesem Instrument also derart impulsiv umgehen, wäre es falsch, denn die Beraterin muss sich der Verantwortung ihrer Rolle und der Folgen leichtfertiger oder gar wirklichkeitssetzender Deutungen bewusst sein. Sie wird hinzugezogen, um einen Prozess zu begleiten und die Beratene in die Möglichkeit der Reflexion zu führen. Besonders im Kontext des Tarot gilt sinngemäß „The map of the map is not the map of the teritory" (Foerster und Pörksen 2011, S. 83). Die Tarotkarte ist ein Angebot an Metaphern, in denen die Prozesse der Ratsuchenden sich spiegeln können, sie ist jedoch keine tatsächliche Abbildung dessen oder irgendeiner greifbaren Realität.

Wie könnte aber Herr Neugier selbst anders mit der Karte umgehen?

Fallbeispiel: Herr Neugier zieht die Liebenden. Seine erste Assoziation ist positiv und er freut sich. Dann greift er zu dem begleitenden Buch (vgl. z. B. Ziegler 1991; Frey und Banzhaf 1998 u. a.). Die Verschlagwortung ist auch positiv, dort steht z. B. Liebe, Verbindung oder Vereinigung der Gegensätze. Doch dort steht auch etwas über Schattenseiten wie z. B. unerreichbare Liebesideale oder Selbstaufgabe. Was ist nun für ihn richtig? Er liest sich in den ausführlichen Text, und zwei Begriffe stechen ihm besonders ins Auge: Selbstliebe und Bewusstwerdung durch Beziehungen. Das scheint ihm alles ganz schön kompliziert. Heißt das jetzt, dass er die wahre Liebe gefunden hat und alles gut wird, oder heißt das, dass er sich selbst schützen soll und sich trennen sollte? Heißt das womöglich, dass er seiner Partnerin eine Rolle zuschreibt, die ihr gar nicht entspricht? Heißt das überhaupt etwas Konkretes? Was bedeutet das? Und dann kommt Herr Neugier auf die Frage: „Was bedeutet das jetzt für mich und meine Beziehung?". Herr Neugier kommt ins Denken und versucht, die Dinge aus verschiedenen Richtungen anzusehen, verschiedene Möglichkeiten zu durchdenken. Vielleicht überlegt er, noch eine Karte zu ziehen, oder er kommt auf den Gedanken, doch noch jemanden zu Rate zu ziehen … Was ihm klar wird, ist, dass er sich wirklich eine harmonische und erfüllte Beziehung wünscht und dass es so, wie es ist, nicht das ist, was er sich wünscht.

Wie auch immer Herr Neugier sich nun verhalten würde, ist anders, als er sich vorher verhalten hätte, denn er ist in einem reflexiven Prozess eingestiegen und hat etwas für sich erkannt. Das bedeutet nicht, dass sich seine Situation schlagartig in Harmonie und Freude auflöst, aber es bedeutet die Ermöglichung einer Veränderung.

Losgelöst von diesem etwas drastischen Fallbeispiel können Tarotkarten im Zuge einer Beratungssituation unter anderem genutzt werden, indem die verschiedenen Bedeutungen erklärt werden, sodass die Ratsuchende einen Überblick erhält oder die dargestellten Bilder beschrieben werden, um zu sehen, was die Ratsuchende damit verbindet. Wichtig ist es dabei, die Karte in den Kontext der Fragenden und ihrer Situation zu stellen, so beispielsweise über die Frage „Was bedeutet das für dich?".

Befindet sich eine Ratsuchende in einer akuten Krise, in besonderen Situationen der psychischen Gesundheit, so stößt Tarot an eine Grenze und ist kein geeignetes Mittel für die Beratung dieser Person (vgl. Schwarz im Interview 2018). Sie benötigt unter Umständen psychologische oder medizinische Unterstützung. Natürlich gibt es Therapeutinnen und Psychologinnen, die systemisch arbeiten und/oder Tarot für ihre Arbeit nutzen; insofern zeigt sich auch, dass dies möglich ist und sinnvoll sein kann. In den Niederlanden ist die Beratung mit Tarot sogar eine durch Versicherungen anerkannte und finanzierte Beratungsform (vgl. Zimmer 2005, S. 25). Hierfür werden die Beraterinnen gezielt ausgebildet und eine therapeutische Vorbildung ist erforderlich; in einer offiziellen Berufsordnung werden die Rahmenbedingungen geregelt (vgl. ebd., S. 25 ff). Jedoch ist die hier beobachtete Anwendung der Systemischen Beratung, insbesondere der systemisch orientierten Tarotnutzung, in einen nicht medizinischen Rahmen, wie z. B. Coaching (privat/business), Supervision oder Unternehmensberatung eingebettet.

Tarot hat im Kontext einer systemisch orientierten Beratung oder Selbstreflexion dieselben Möglichkeiten und Grenzen wie jede systemisch angewendete Methode. Die Beraterin setzt in der Wahrung der systemischen Prinzipien und des aufmerksamen wie auch wertschätzenden Umgangs mit der Beratenen den Rahmen der Möglichkeiten. Die Ratsuchende setzt in ihrer Reflexion und Erkenntnis gleichermaßen den Rahmen ihrer Möglichkeiten. In diesem Zusammenspiel setzen beide Grenzen und bewegen sich innerhalb dieser Grenzen.

Möglich ist, was die Beratene möglich werden lässt – möglich werden lassen kann. Ihre Wahrnehmung, ihre Interpretation und somit ihre Selbstreferenz sind ausschlaggebend für das Gelingen der Beratung. Die Beratene kann in einem für sie fruchtbaren Beratungssystem ihr Driftungsbestreben verwirklichen. Daran wird nochmals die Wichtigkeit des Zusammenspiels von Beraterin und Beratener deutlich. Im Zusammenhang mit dem Tarot kommt die Abgrenzung zu Wahrsagerei und der verantwortliche Umgang mit einer möglichen Nicht-Zufalls-Konstruktion hinzu. Die Beraterin sollte sich immer wieder bewusst machen, dass ihr gesprochenes Wort Realität kreiert und dass die Ratsuchende dem möglicherweise eine größere Bedeutung zumisst als die Beraterin selbst.

5.1.2 Seitenpfad: Mantik und Magie

An verschiedener Stelle wird Tarot mit Magie in Verbindung gebracht, selbst in wissenschaftlichen Arbeiten fällt zuweilen der Begriff Magie oder magisch:

> „I believe my research brings to light the magical and potentially powerful nature of Tarot cards and brings academic validity to their use […]" (Hofer 2009, S. 76)

Selbstverständlich sind Mantik (Wahrsagerei) und Magie im Kontext ihrer Verwendung oder Thematisierung zu betrachten. Auch hier gilt die kreierende Macht des gesprochenen Wortes. Redensartlich werden besonders schöne und mitunter in der Schönheit überraschende Momente als magisch bezeichnet. „Es war ein magischer Moment" kann auf viele als wunderbar und bewegend empfundene Augenblicke angewendet werden, wie z. B. die erste Begegnung eines Liebespaares oder die plötzliche und zündende Geschäftsidee, aus der ein erfolgreiches Unternehmen entsteht. Magie kann aber auch bedeuten, dass jemand von Ritualen, von Beeinflussung und Manipulation oder von unsichtbaren Mächten spricht.

> „Während sich [die] ‚echte' Magier[in] [...] befähigt fühlt, selbst aktiv in den Weltlauf einzugreifen, begnügt sich [die] Wahrsager[in]

damit, solche Entsprechungen […] wahrzunehmen […]" (Guekos-Hollenstein 2000, S. 250)

Wahrsagerei begegnet den Beobachterinnen in der Welt auf vielfältige Weise, auch in der wahrsagerischen Nutzung von Tarot und anderen Karten. Dabei geht es vornehmlich darum festzustellen, was in Zukunft passiert. Magie und Mantik sind unterschiedliche Machtformen, die sich über Handlungsfähigkeit oder Wissen ausdrücken (vgl. ebd.). In der Konsultierung einer mantisch arbeitenden Kartenberatung entfaltet sich gegebenenfalls ein beidseitiges „Autoritätsproblem" (ebd., S. 254). Die Ratsuchende überträgt dann Verantwortung und Handlungsfähigkeit vollständig auf die Kartenlegerin, die sich wiederum in der Rolle der Wissenden und Heilsbringenden sieht und ihre Eindrücke als gesetzte Realität betrachtet und an die Ratsuchende übereignet. Statt Selbstermächtigung und Selbstwirksamkeit der Ratsuchenden verwirklicht sich dann ein Abgeben von Macht und ein Unterwerfen. In dieser Konstellation entsteht ein Machtgefälle und Abhängigkeitsverhältnis (vgl. ebd., S. 254), welches einer systemischen Haltung und Arbeitsweise vollkommen entgegen steht. Auch in der selbstständig durchgeführten Nutzung der Tarotkarten im mantischen Kontext sieht die Autorin die Problematik einer *Selbstentmächtigung* und Suchtentwicklung. Hier könnte es dazu führen, dass Nutzerinnen ohne die Konsultierung der Karten keine Entscheidungen mehr treffen können und sogenannte Antworten unreflektiert und wörtlich übernehmen.

Daher soll in dieser Beobachtung von Tarot und systemischer Beratung deutlich gemacht werden, dass die Konstruktion von Wahrsagerei und Magie nicht in die Realität dieser Arbeit fällt. Mehr noch möchte die Autorin sich von wahrsagerischen Praktiken deutlich abgrenzen. Aus diesem Bestreben heraus arbeitet die Autorin auch nicht mit dem Begriff Transzendenz, der für das Unerforschte und Unbekannte steht und gelegentlich auch in spirituellen oder esoterischen Kontexten verwendet wird; in Anlehnung an Maturana betrachtet die Autorin den Begriff der Transzendenz als Widerspruch zum Konzept der Autopoiese (vgl. Maturana und Pörksen 2002,

S. 14). In dieser Arbeit wird beobachtet, wie Tarot – in all seinen Überlieferungen, Symbolen und Interpretationsmöglichkeiten – ein Weg zur Selbstreflexion und für Beratung ist. Der Fokus der Tarot-Nutzung liegt insofern mit auf der Zukunft, als das eine Reflexion das eigene Verhalten und den Umgang in und mit bestimmten, auch zukünftigen, Situationen verändern kann. Der eigentliche Fokus der Tarot-Nutzung, wie diese Betrachtung sie versteht, liegt im Moment der Gegenwart. Das autopoietische System operiert permanent in der Gegenwart (vgl. Foerster 2008, S. 148), erst das Bewusstsein bringt die zeitliche Komponente ein, indem es Vergangenheit und Zukunft unterscheidet und benennt (vgl. Maturana und Varela 2015, S. 136). Über die Reflexion der gegenwärtigen Situation stößt die Ratsuchende auf Erfahrungen, die ihr heutiges Empfinden und Verhalten bedingen, insofern spielt auch die Komponente der Vergangenheit in Form der ausgebildeten Selbstreferenz eine Rolle. Mit der Bewusstwerdung dieser Referenz kann die Beratende ihre Gegenwart verstehen und eventuell etwas Neues erarbeiten.

Von der Abgrenzung der vorliegenden Arbeit unberührt bleibt die Nicht-Zufalls-Konstruktion, also die Annahme einer Person, dass die Kartenpassung nicht zufällig entsteht. Diese wird als eigenständig durch die Nutzerinnen bedingte Wirklichkeit in Kapitel 6 betrachtet.

5.1.3 Voraussetzung einer dienlichen Nutzung

Als dienlich bezeichnet der Duden ein Verhalten oder einen Umstand, der einer Person oder einer Sache dient. Das Wort dienlich kann synonym zu Begriffen wie „aufbauend, förderlich, fruchtbar, geeignet, günstig, gut, heilsam, lohnend, nützlich, sinnvoll, von Nutzen, vorteilhaft, wirksam, zuträglich, zweckmäßig; (gehoben) ersprießlich, hilfreich; (bildungssprachlich) konstruktiv […]" (Dudenverlag) verwendet werden. Wer entscheidet nun, ob etwas dienlich ist? Im Beratungssystem entscheidet die Klientin, ob die Beratung für sie dienlich ist und war. Hat die Ratsuchende das Empfinden, in ihrem Anliegen etwas gelöst zu haben, weiterzukommen, etwas geschafft zu haben, dann war die Beratung hilfreich. Ist die Klientin zufrieden und hat eine Möglichkeit gefunden, alleine weiterzugehen oder etwas abzuschließen, ist ihr Ziel erreicht, so war die Beratung ein Erfolg. Bei allen Standards, Prinzipien und bei aller Fachlichkeit ist die Instanz, durch die die Beraterin sich messen lassen muss, die Wirklichkeit der durch sie beratenen Person.

Wie kann die Beraterin dem gerecht werden? In der Beschreibung der Möglichkeiten und Grenzen klingen die Voraussetzungen einer dienlichen Nutzung von Tarot im systemischen Kontext bereits an. In der Schlussfolgerung ergibt sich, dass der erste Schritt die zuvor erwähnte Auftragsklärung bleibt. Hier können beide Seiten feststellen, ob sie und das Anliegen zusammenpassen. Grundlegend bleibt eine Auseinandersetzung mit der Methode und dem eigenen Zugang. Wie versteht die Anwendende die Methode? Wie fühlt die Anwenderin sich mit der Methode? Ist es für ihre Beratungspraxis (oder Selbstanwendung) geeignet? Passt dies in die eigene Auffassung? Auf welche Art soll das Tarot verwendet werden? Diese und weitere Fragen klären, ob das Instrument für die Beraterin (oder Selbstanwenderin) geeignet ist. Im Beratungskontext kommt hinzu, dass das Werkzeug auf die Beratene und ihr Anliegen passen muss. Hat die Beraterin den Eindruck, dass Tarot für die Beratene und ihr Anliegen passen könnte und möchte dieses Werkzeug z. B. für einen Perspektivenwechsel oder schlicht zur Irritation nutzen, kann sie das Instrument vorschlagen. Anwenden kann sie das Tarot jedoch nur, wenn die Kundin bereit ist, sich auf diese Methode einzulassen. Lehnt die Ratsuchende Tarot ab, ist es ungeeignet. Für die Umsetzung einer (systemischen) Beratung mit Tarot sind zudem eine gute, ehrliche Kommunikation und ein tragfähiges Vertrauensverhältnis fundamental. Eine Beratene kann sich auf eine ihr unbekannte und vielleicht etwas merkwürdig vorkommende Methode einlassen, wenn sie ihrer Beraterin vertraut und den Eindruck hat, dass diese kompetent und wertschätzend handelt. Operiert die Beraterin innerhalb der systemischen Prinzipien und Haltungen, kann Tarot ein wertvolles Werkzeug für die Beratung sein. Dazu gehört es auch, die Karten in einer reflexiven Herangehensweise zu nutzen, z. B., um eine Situation aus neuen Perspektiven zu betrachten und der Beratenen einen neuen, äußeren Blick auf die eigenen Emotionen, Handlungsweisen oder Position zu ermöglichen.

Fallbeispiel: Frau Streng ist Abteilungsleitung und führt ca. 20 Mitarbeiterinnen. Aufgrund einer Umstrukturierung fällt die Führungsebene der Abteilungsleitungen weg. Die entsprechenden Führungskräfte werden umgesetzt und teilweise befördert. Keine Mitarbeiterin fällt im Gehalt zurück. Frau Streng wird eine Aufgabe zuteil, die ihr nicht liegt. Zwar kann sie die Arbeit kompetent bewältigen, fühlt sich aber mit der Aufgabe nicht mehr wohl. Sie ist unzufrieden, fühlt sich degradiert und wie in einer Sackgasse. In einem Coaching lässt Frau Streng sich auf eine Reflexion mit Tarot ein. Sie zieht eine Karte für sich in der neuen Position: VII – Der Wagen. Frau Streng beschreibt, was sie auf der Karte sieht: „Ein Ritter in einer goldenen Rüstung sitzt auf einem roten Wagen. Der Wagen scheint aber zu stehen. Der Ritter hält eine Scheibe." Dann spricht sie darüber, was ihr auffällt: „Dass der Wagen steht … genauso komme ich mir vor!" Anschließend spricht ihr Coach mit ihr über mögliche Bedeutungen der Karte. Auf die Frage, mit welcher Bedeutung sie etwas anfangen könnte und was das für sie bedeutet, antwortet Frau Streng: „Dass diese Scheibe gar keine Scheibe ist, sondern ein rotierender Gral, gefällt mir. Es steht zwar alles sonst still, aber der bedeutet für mich auch Aufbruch. Die Karte ist wie die Ruhe vor dem Sturm. Es ist für mich okay, in der Position zu bleiben, in Ruhe in mich zu gehen und zu überlegen, wohin ich will, dann kann ich aufbrechen. Ich muss mich nicht festgefahren fühlen, sondern kann die Dinge in die Hand nehmen."

In diesem Beispiel hat die Klientin sich auf die Methode eingelassen und einen neuen Blick auf ihre unzufriedenstellende Situation gewonnen, dadurch kann sie gelassener damit umgehen und sich auf eine wünschenswerte Lösung ausrichten. Gemeinsam mit der Beraterin kann die Beratene dann an Perspektiven und Ideen arbeiten. Ein Grundstein für die Realisierung des Driftungsbestrebens wurde gelegt. Wahren Beraterin und Beratene ihre offene und wertschätzende Kommunikation, wie auch einen Rahmen von Verantwortung und Selbstverantwortlichkeit, ist eine dienliche Nutzung erfüllt.

Der Aspekt von Verantwortung und Selbstverantwortung gewinnt durch die Verwendung des Werkzeuges Tarot an Vehemenz, denn hier berührt er gleichzeitig die Abgrenzung von einer Nicht-Zufalls-Konstruktion zur Wahrsagerei. Zusätzlich impliziert dieser Gesichtspunkt sich in den systemischen Prinzipien und kann sowohl im Kontext der Möglichkeiten und Grenzen, also auch im Zusammenhang mit der Dienlichkeit beobachtet werden.

Beobachtungsvariante:

In der Verlebendigung der systemischen Haltung erwächst ein Beratungssystem, das die Öffnung der Beratenen auch für ungewöhnliche Methoden ermöglicht. In der Bereitschaft der Beratenen steht der Ankerpunkt der fruchtbaren Nutzung.

Abb. 21

Diese Frage zieht sich durch alle Ebenen der Thematik von Tarot aus systemischer Sicht. Daher kann, darf und sollte dieser Punkt immer wieder betont werden. Mehrfach stellte die vorliegende Arbeit fest, dass schon im Sprachgebrauch Verantwortung liegt (vgl. Maturana und Varela 2015, S. 196) und dass der Umgang mit der eigenen Wirklichkeit und der Wirklichkeit des Gegenübers bewusst und verantwortungsvoll gestaltet werden sollte. Für eine dienliche Nutzung des Tarots bleibt betont, dass die Beraterin mit ihrer Kommunikation wie auch Methoden verantwortlich umgeht, die Grenzen ihres Gegenübers wahrt, dessen Autonomie respektiert und stützt und eine begleitende Rolle einnimmt. Vorausgesetzt, dass eine selbstverantwortliche, angeleitete Reflexion ein angemessenes Vorgehen für die Ratsuchende ist, kann die Beraterin diese über Tarot in die selbstermächtigende Verwirklichung ihres Driftungsbestrebens begleiten.

Vor dem Hintergrund der Verantwortung und Selbstverantwortung emergiert für eine gelingende Reflexion und ein erwünschtes Driften der Aspekt der Liebe bzw. Selbstliebe als etwas Wesentliches. „Der Weg der Heilung besteht darin, Selbstliebe und Selbstachtung erneut zu entdecken“ (Maturana und Pörksen 2002, S. 125). Der Begriff Heilung lässt zunächst Gedanken an Krankheit aufkommen. Was also soll diese Aussage nun bedeuten, wurde die Beratung oder Behandlung erkrankter Personen für den Gegenstand dieser Arbeit doch bereits ausgeschlossen? Der Begriff lässt sich allerdings weit fassen, entkoppelt man ihn von der Assoziation mit Krankheit. In dem Moment erhält „Heilung“ einen metaphorischen Charakter. So können z. B. Gefühle verletzt und geheilt werden, etwas, das nicht ganz an seinem Platz war, etwas, das nicht passte oder aus dem Gleichgewicht geraten ist, kann in Ordnung gebracht werden. Eine verzerrte Sichtweise kann geklärt werden, etwas kann erkannt werden usw. Definiert man den Begriff der Heilung in diesem Sinne, so gewinnt Heilung eine Bedeutung als Herstellung von Gleichgewicht, Wohlgefühl oder Lösungswegen – die Verwirklichung des Driftungsbestebens. In Bezug auf die systemische Beratung und Selbstreflexion geht es der Autorin nun vornehmlich um die Wegbereitung zu diesem Ziel. Die Begriffe Selbstliebe und Selbstachtung erscheinen wegweisend und lassen sich abermals erweitern, z. B. im Kontext von Respektierung und Annahme seines Selbst bzw. seines eigenen Systems. So entkoppelt sich der Begriff der Liebe begreifbar von Gesichtspunkten wie amourösen Partnerschaften. Maturana definiert Liebe als das Schaffen von Raum neben sich (vgl. Maturana und Varela 2015, S. 266). Vor diesem Hintergrund betrachtet, zeigt sich, dass Selbstliebe ebenfalls einen räumlich gedachten Blickwinkel hat: der Raum, den die Reflektierende sich selbst gibt. Das kann bedeuten, dass die Reflektierende sich den Raum gibt, sich selbst über ihre selbstreferenziellen Prozesse und daraus wachsenden Strukturen bzw. Muster hinweg zu beobachten – in einer fragenden Haltung von „Was ist dahinter?“. Es kann zudem auch bedeuten, dass die Reflektierende sich stattdessen diesen Strukturen zuwendet, um sich und ihnen gleichermaßen Raum zu lassen, sodass sie beobachtbar werden und auf die

Frage „Was ist da?“ antworten. In dieser Hinwendung prozessiert die Reflektierende ein Bewusstsein in ihre inneren Prozesse und findet darüber die Möglichkeit einer bewussten Entscheidung zum Umgang mit diesen. Im Beratungssystem ist es wiederum von Bedeutung, dass die Beratende der Beratenen Räume schafft, in denen sich diese selbst diesen Reflexions-Raum erschaffen kann. Dann kann die Nutzung von Tarot über seine Bilder und Metaphern diesen Räumen und den darin operierenden Prozessen dienen.

5.2 Die Selbstreferenz als Schlüssel

Die Bilder des Tarot lassen sich als Modell des Lebens (vgl. Schwarz 2005, S. 27 ff), als Archetypen (vgl. Jung 1990, S. 111), als „Projektionsschirm“ (Guekos-Hollenstein 2000, S. 252), als Symbole und Überlieferungen (vgl. Neff im Interview 2018; Körbel im Interview 2018) und somit als Metaphern verstehen. Methapern sind für jeden zugänglich, sie sind eine , mit der jeder etwas anfangen kann (vgl. Foerster 2008, S. 65). Sprache unterdessen ist mehr als Kommunikation, denn sie kann sich selbst beobachten (vgl. ebd., S. 161 ff). Somit fällt Sprache in den kulturellen Raum und ermöglicht erst die Selbstbeschreibung (vgl. Maturana und Varela 2015, S. 224 ff). Dabei besteht Sprache nicht aus aneinandergereihten Zeichen, sondern die Zeichen entspringen der Sprache (vgl Maturana und Pörksen 2002, S. 96). Das heißt auch, dass Metaphern in wörtlicher und bildlicher Darstellung gleichermaßen ein Ausdruck von Sprache sind. Tarotkarten sind demnach ein Ausdruck von Sprache. Damit sind Tarotkarten aus ihrer Struktur heraus geeignet, die Selbstbeobachtung zu stützen, denn sie generieren Angebote von Selbstbeschreibung. Welche Selbstbeschreibung das psychische System anhand der Möglichkeiten erkennt und wie es das umsetzt, findet sich im Prozess der Kartendeutung.

5.2.1 Der selbstreferenzielle Deutungsprozess als Beobachtung 2. Ordnung

Das Sprachproblem, also die Beschreibungsweise, besser: die Frage nach der Beschreibung der Beschreibung drückt von Foerster mit der

Frage „Sagen Sie einmal, welche Sprache benutzen Sie?“ (Foerster 2008, S. 70) aus. Um Tarotkarten deuten zu können, ist zunächst die Klärung der verwendeten Sprache notwendig. Dazu gehört als erste Grundlage: „Welches Kartendeck benutze ich? Welche Deutungsmöglichkeiten gibt es dafür bzw. kenne ich?“. An dieser Stelle nutzen die Reflektierende und ihre Beraterin eine gemeinsame Sprache, z. B. in der Verwendung von Deutungsliteratur und überlieferter Bedeutung. Augenfällig ist daran, dass diese sich, wie jede gemeinsame Sprache, anhand einer „Dia-Logik“ (ebd., S. 102) als „rekursiver Prozess“ (ebd.) zu einem stabilen „Laut-Bild-Verhältnis“ (ebd.) oder Bedeutung-Bild-Verhältnis geformt haben. Die festgelegten Bedeutungen sind sowohl im psychologischen als auch im esoterischen oder spirituellen Bereich jeweils *ein-deutig* definiert. Gleichzeitig zeigen die Bedeutungen sich als *viel-deutig*, denn die festgelegten Bedeutungen werden in verschiedene Kontexte gesetzt und verändern im Zusammenspiel von Karte, Kontext, Fragestellung und Fragender ihre Bedeutung. Es obliegt wiederum der Ratsuchenden und der Beratenden festzulegen, in welchen Deutungskontexten sie sich bewegen.

Über den äußeren Bereich des Deutungskontextes hinaus gehört in den Bereich der (gemeinsamen) Sprachklärung: „Was bedeutet das für mich und meine Situation?“ An diesem Punkt schließt die Beobachtung der verwendeten Sprache der Karten an die Selbstbeobachtung der Reflektierenden an. Maturana geht davon aus, dass jede Beobachtung letztendlich eine Selbstbeobachtung ist (vgl. Maturana und Pörksen 2002, S. 26). Als Beobachterin sind wir stets Teil der Beobachtung, da wir diese selbst prozessieren. Hier liegt auch der Kern der individuellen Realität, denn alles Beobachtete ist durch die Beobachterin gefärbt. Selbst in der gezielten Selbstbeobachtung sieht sich die Beobachterin stets durch den Schleier ihrer Selbstreferenz. Als Teil der Beobachtung, als die Beobachtung Steuernde, kann die Beobachterin niemals alles sehen. Es gibt immer etwas, das sie nicht sehen kann (vgl. Foerster 2008, S. 117 ff). Die Beobachterin benötigt Werkzeuge der Spiegelung, um ihr Blickfeld und die Möglichkeit der Selbstbeobachtung zu erweitern. Eines dieser Werkzeuge kann Tarot sein. Die Karte oder Kartenkombination wird in einem reflektierenden Setting stets auf Basis der Fragenden und ihres Anliegens gedeutet. Dadurch wird ein Raum geöffnet, in dem die Fragende sich gedanklich und emotional bewegen kann. Die Karte ist weder das Innere des psychischen Systems noch eine Abbildung dessen, sondern Umwelt. In dieser Eigenschaft erfüllt sie eine stützende Funktion für den selbstreferenziellen Prozess der Erkenntnis. Das psychische System beobachtet die Karte und wirft dadurch seine Selbstreferenz gedanklich nach außen. Diese spiegelt sich in der Karte wider und wird während des Beobachtungsvorgangs zurück in das Innere des psychischen Systems gedacht. Ein Re-Entry im Sinne Spencer-Browns, findet somit in jedem Beobachtungsprozess statt (vgl. Luhmann 1997, S. 102). In der Deutung der Karte stützt das psychische System sich auf seine Selbstreferenz. Das Lesen oder Hören von Deutungsangeboten und das Betrachten der Bilder stellt Daten zur Verfügung, die das psychische System, auf Basis seiner Erfahrungs- und Vergleichswerte, durch seine inneren Operation zu Informationen macht (vgl. Foerster und Pörksen 2011, S. 98). Das Ziehen oder Wählen einer bestimmten Karte löst in der Beobachterin einen Prozess der Reflexion aus. Vor der Kulisse der Beobachterinnenabhängigkeit bekommen zudem die Haltung und die Art der Fragestellung eine besondere Bedeutung. Sie geben die Form vor, in der die Antwort sich bewegen soll (vgl. Foerster 2008, S. 137). Die Erwartung steuert somit das Ergebnis wie auch die Blickrichtung, in der überhaupt nach einem Ergebnis gesucht wird. In diesem Zusammenhang zeigen sich oft Reaktionen von Kartennutzerinnen, die Aussagen, dass sich etwas, was sie schon wissen oder denken, in den Karten zeigt. Die Beobachterin erfährt eine Bestätigung. Je nach Anliegen und Zielrichtung kann eine Bestätigung oder Erinnerung an etwas bereits Gewusstes hilfreich sein, z. B. an Stellen, an denen eine Auseinandersetzung mit vorhandenen Gedanken oder Gefühlen sinnvoll ist. Eine Interviewpartnerin drückte das wie folgt aus: „Wie wir vorhin herausgefunden haben, sind das Dinge, die man gerne verdrängt" (Partnerin 5 2018). In einer dem Interview vorangegangenen reflektierenden Legung stieß die Probandin auf ein Thema, das ihr nahe ging und mit dem sie sich eingehender befassen wollte. An diesem Punkt stieß die Probandin also an eine Reflexion, die ihr das eigene Thema noch mal bewusst machte.

Gleichzeitig kann das bestätigen von vorhandenem Wissen sich in einer Verfestigung unliebsamer Zustände oder Glaubenssätze äußern oder die ständige Selbst-Hinweisung auf ein Thema eine Überforderung darstellen. „Es kam immer wieder das Gleiche raus. Das ist mir nachher so auf die Nerven gegangen" (Partnerin 6 2018) schilderte eine Interviewpartnerin solch eine Situation. Durch die ständige operative Aneinanderreihung von gleichlautenden Gedankenprozessen bilden sich Glaubenssätze als stabiler Eigenwert der inneren Sprache heraus (vgl. Foerster und Pörksen 2011, S. 61). Diese können für das Empfinden des psychischen Systems positiv oder negativ wie auch überfordernd sein. Die Bestätigung oder Verstärkung negativ wirkender, begrenzender oder überfordernder Glaubenssätze wäre für das Driftungsbestreben nicht hilfreich, sondern führten zu einem unaufhörlichen Kreisen um sich selbst und führen das Ziel der Selbstbeobachtung ad absurdum. Die Fähigkeit zur Selbstbeobachtung kann in Erkenntnis führen, doch das ständige sich in gleichförmigen Beobachtungen und Wiederholen zielloser Reflexionen führt in eine suchtartige Verhaftung (vgl. Maturana und Pörksen 2002, S. 33). So können Glaubenssätze nicht erkannt werden, denn das Ergebnis einer Selbstbeobachtung wäre stets die Bestätigung und Bestärkung vorhandener Muster. Eine wertschätzende und raumöffnende Haltung ist also unumgänglich für die Ermöglichung gelingender, veränderungsfördernder Selbstbeobachtung mit Tarot. Unumgänglich ist auch eine offene Bereitschaft zur Hinwendung an die Selbstreflexion, die auch ein Verweilen oder Abstandnehmen zulässt. Die Ratsuchende braucht ein offenes Interesse an dem, was sich zeigen könnte. Lebt sie in einer starren Erwartung kann sie nur die bekannten und erwarteten Ergebnisse verlebendigen. Durch eine Haltung des Nicht-Wissens generiert die Beobachterin einen offenen Geist, der sich auf neuen Gedankenspuren bewegen kann. Damit kreiert die Beobachterin über den Deutungsprozess das Potenzial neuer Eindrücke und Sichtweisen. Die sich selbst beobachtende Beobachterin entdeckt neue bzw. zuvor nicht erkannte Facetten ihres Seins und Tuns, wodurch sie sich selbst neue Handlungsräume eröffnet. Angestoßen durch den Eindruck ihrer Kartenwahrnehmung erkennt sie ggf. Vorhandenes, kann dieses aber in andere Perspektiven verschieben. So könnte sie beispielsweise eine sich wiederholende Verhaltensweise anhand der wahrgenommenen Deutung einer Karte und anhand der eigenen Assoziation beobachten und daran anschließend Möglichkeiten durchdenken mit dieser anders umzugehen, sie anders zu verstehen als bisher. Im Zusammenhang mit dem Deutungsprozess in der reflexiven Tarotanwendung erscheint dies zunächst unabhängig davon, ob die Reflektierende die Karten alleine nutzt oder sich beraten lässt, insofern sie in der Lage ist, ein Stück aus sich heraus zu treten und sich ungewohnt zu beobachten. Die beratende Begleitung kann die Erweiterung des Blickfeldes jener Selbstbeobachtung jedoch unterstützen, vor allem in jenen Momenten, in denen die Reflektierende allein keine anderen Blickwinkel erschaffen oder nicht allein in einen Beobachtungsabstand finden kann.

5.2.2 Die Beobachtung 2. Ordnung als Perturbationsquelle

Der Hintergrund der erfolgreichen Nutzung von Tarot als systemisches Reflexions-Werkzeug liegt in der Verbindung der Selbstreferenz und der gelingenden Perturbation des Systems.

Die Beraterin ist ebenso Umwelt wie die Karte. Als Umwelt sind Karten und Beraterinnen Quellen für Perturbationen. Die Beraterin regt die Bildung eines neuen Eigenwertes an, indem sie versucht, neue Ausgangswerte zu schaffen (vgl. Foerster und Pörksen 2011, S. 80). Als Werkzeug greift die Karte in denselben Prozess, indem sie Beraterin und Beratener Deutungs-Daten zur Verfügung stellt. Gleichzeitig greift die Karte die Selbstreferenz der Beratenen auf und stellt die von innen nach außen projizierten Werte des Systems, einem Spiegel gleich, dar. So irritieren die Beraterin und die Beratene über die Karte gleichermaßen die Realitätsmuster bzw. Glaubenssätze der Beratenen. Zunächst ist all das schlicht etwas, das wahrgenommen werden kann oder eben nicht. Wird es durch die sich hinwendende Beobachterin wahrgenommen, so irritiert es ihr System. Erreicht diese Irritation eine Wirkung in dem geschlossenen System, so hat ein im Außen wahrgenommenes Ereignis im Innen des Systems eventuell eine Strukturveränderung angeregt (vgl. Maturana und Pörksen 2002, S. 72). Ist die Wirkung im System stark genug, um eine Strukturveränderung nach sich zu ziehen, so wurde das System erfolgreich perturbiert.

Beobachtungsvariante:

Die Beobachterin inkarniert durch die Nutzung der Selbstreferenz als selbstbezügliche Perturbationsquelle. Sie ist die Quelle des Beobachteten, mehr noch gebiert die Beobachterin selbst die Verwirklichung ihrer Entwicklung.

Abb. 22

Herausragend in dem selbstreferenziellen Deutungsprozess ist der Umstand, dass die Selbstbeobachtende diese Irritationen und Perturbationen im Dialog mit sich selbst aus sich selbst generiert. Sie perturbiert sich selbst, indem sie die Karte einerseits als Kommunikationsbrücke zu eigenen Gedanken und Emotionen nutzt, andererseits die Karte nutzt, um unbewusstes erfahrbar und beobachtbar zu machen. Als Metapher könnte man sagen, sie leuchtet über die Karte als Spiegel die dunklen Ecken aus. Auf diese Weise können auch Muster, die bisher in den Bereich eines blinden Fleckes gefallen sind, in die Beobachtbarkeit kommen. Ist die Reflektierende befähigt, die Selbstbeobachtung alleine bzw. alleine über Karten durchzuführen, benötigt sie nicht zwingend eine Beraterin für diesen Prozess, auch wenn diese hilfreich sein kann. So stellt Tarot als Werkzeug einen möglichen Weg der Selbstreflexion dar. Wesentlich erscheint, dass die gelingende Perturbation – auch im beratenden Prozess – durch die Selbstreferenz der Reflektierenden bedingt ist. Auf diese Weise ermöglicht die Reflektierende selbst die Verwirklichung ihres Driftungsbestrebens.

5.2.3 Selbstermächtigung und Freiheit

Die Erfahrung, zum einen Bekanntes bestätigt zu wissen und zum anderen unbewusste Muster bewusst werden zu lassen, um dann eine Veränderung anregen zu können, stärkt die Beobachterin in ihrer Selbstermächtigung. In dieser liegt ein Gefühl von Freiheit. In der Reflektion schafft die Anwenderin neue Perspektiven. Durch diesen Perspektivenwechsel ermöglicht die Anwenderin neue Unterscheidungen und Bezeichnungen. Über diesen Weg kreiert sie Wahlmöglichkeiten wie z. B. „Ich kann bleiben wo ich bin", „Ich kann in diese Richtung gehen" oder „Ich kann in jene Richtung gehen". Durch das Erschaffen von Wahlmöglichkeiten wird Freiheit erfahrbar (Maturana und Pörksen 2002, S. 79), man ist nicht länger gezwungen, einem festen Weg bzw. Muster zu folgen. Auch Schwarz arbeitet mit dem Tarot über die Generierung von Wahlmöglichkeiten und entkoppelt das Wählen vom Entscheiden, da eine Entscheidung nicht zwangsläufig bedeutet, dass mal Wahlmöglichkeiten hat (vgl. Schwarz im Interview 2018). Das Schaffen von Wahlmöglichkeiten schafft Räume und generiert dadurch Freiheit und Selbstermächtigung bzw. Selbstwirksamkeit. Im Empfinden „Ich habe die Wahl" oder „Ich habe gewählt" ist die Reflektierende die ausschlaggebende Akteurin.

„Freiheit ist [...] eine menschliche Erfahrung, die Reflexion verlangt" (Maturana und Pörksen 2002, S. 77). Somit ist die Grundvoraussetzung zur Erfahrbarkeit von Freiheit und Selbstwirksamkeit die Befähigung zur Reflexion. Durch die bewusste Reflexion kommt es erst zu der Aussage „Ich habe gewählt!" oder „Ich bin frei!". Das Ich der Beobachterin erscheint, folgt man von Foerster, als „Eigenwert der unendlichen Reflexion" (Foerster und Pörksen 2011, S. 93), also des ständigen „Ich bin!". Dieser Prozess der Selbstdefinition läuft ab einer bestimmten Stufe unbewusst und musterhaft ab, eben wenn der stabile Eigenwert sich ausbildet. Wie zuvor festgestellt, liegt in der Reflexionsfähigkeit das Potenzial der Weisheit, da die Reflexion in ein Erkennen und Verändern führen kann, es sei denn, sie verselbstständigt sich in eine ständige Verhaftung und sprichwörtliche Nabelschau (vgl. Maturana und Pörksen 2002, S. 33). In dieser Verselbstständigung läge abermals ein stabiler Eigenwert, der dazu führte, dass eine selbstbestimmte Bewegung nicht mehr möglich wäre. Es entstünde eine Art Suchtverhalten oder Abhängigkeit. Wie bereits behandelt, gilt es, derartiges in jedem Beratungssystem, wie z. B. durch die Anwendung der systemischen Prinzipien, zu vermeiden. In der gelingenden Herstellung eines Gleichgewichtes von Reflexionsfähigkeit und Reflexionstätigkeit liegen Freiheit und Selbstermächtigung.

In der korrekten Anwendung des Werkzeuges, als Mittel zur Stützung des selbstreferenziellen Erkenntnis- und Entwicklungsprozesses, durch die Generierung selbstreferenzieller Perturbation anhand einer – unterstützten oder eigenständigen – Beobachtung 2. Ordnung liegt somit der Schlüssel der Wirksamkeit und Selbstwirksamkeit im Kontext Tarot.

6 Paradoxie der Nicht-Zufalls-Konstruktion

Im Zusammenhang mit der Nutzung von Tarot kommt die Frage nach Zufall oder Nicht-Zufall in das Bewusstsein der Beobachterinnen. In der tieferen erkenntnistheoretischen Beobachtung wird wirklich, dass die Frage nach Zufall und Nicht-Zufall sich nicht stellt. Das Geschehen in unseren Wirklichkeiten folgt den zu jenem Zeitpunkt möglichen Bahnen (vgl. Maturana und Varela 2015, S. 122) und zeigt in seiner Existenz, dass es das bestmögliche ist (vgl. Foerster 2008, S. 33 ff). Da die Beobachtungsfähigkeit begrenzt ist, entziehen sich die zugrunde liegenden Prozesse großenteils der Beobachtung. Was sich der menschlichen Beobachtung entzieht, definieren Menschen als Zufall.

> „Dennoch weiß der Physiker, daß (sic!), obwohl vom Zufall die Rede ist, in jeder beobachteten Situation vollständig determinierte Prozesse ablaufen, die dem Geschehen zugrunde liegen.“ (ebd., S. 126)

Sehr streng genommen ist also nichts Zufall (vgl. Maturana und Varela, S. 137).

Dennoch stellt sich aus der beobachtenden Perspektive dieser Ausarbeitung die Frage nach Zufall und Nicht-Zufall im Kontext der Konstruktionen jener psychischen Systeme, die Tarot als Werkzeug der Reflexion und Beratung nutzen. Sommer-Teckenburg stellte fest, dass der Glauben an Tarot keinen Einfluss auf die Wirksamkeit einer Beratung mit Tarot hat. Einen Einfluss hatte aber der Glaube oder Nicht-Glaube an Zufall: Personen, deren Wirklichkeit einer Nicht-Zufalls-Konstruktion entspricht „[…] profitieren in höherem Ausmaß […]“ (Sommer-Teckenburg 1991, S. 55) von der Klärungshilfe mit Tarot. Sommer-Teckenburg beobachtete, dass diese Personen eine stärkere Wahrnehmung einer Passung der Bilder haben. Anhand der Nicht-Zufalls-Konstruktion dieser Personen emergiert einerseits das Empfinden einer höheren, wohlgesonnenen Instanz, andererseits das Empfinden einer verstärkten Selbstermächtigung und Selbstwirksamkeit (vgl. Sommer-Teckenburg 1991, S. 55 ff). Anhand der

Betrachtung von Glauben und Zufall eröffnet das Kapitel die Beobachtung des sich an dieser Stelle der Wirklichkeits-Konstruktionen entfaltenden Paradoxons.

6.1 Glaubenssache Zufall

Richtet sich der Blick zunächst auf die Unterscheidung und Bezeichnung von Glauben, so geht es der Autorin vornehmlich darum, einen Überblick über die beobachtbare Wirklichkeit von Glauben zu verschaffen und in ein systemisches Licht zu stellen. Dies geschieht vor dem Hintergrund, die Annahme von Zufall oder Nicht-Zufall betrachtbar und verständlich zu gestalten. Daher wird die Beobachtung des Glaubens an dieser Stelle von Glaubensrichtungen entkoppelt und ausschließlich auf den Glauben an sich bezogen. In keiner Weise stellt der vorliegende Text den Glauben oder Nicht-Glauben wie auch nicht die Form des jeweiligen Glaubens einzelner Personen zur Diskussion.

In Kapitel 2 wurden u. a. eine Umfrage zitiert, die sich darauf bezieht, dass 8% der Befragten denken, dass Tarot wirksam sein könnte (vgl. IfD Allensbach zitiert nach Statista.com 2001). Anders ausgedrückt: Sie *glauben*, dass Tarot wirksam sein könnte. Bei einer Befragung von 12- bis 25-jährigen in Deutschland gaben 46% an, dass Schicksal und Vorherbestimmung in ihr Leben eingreifen; 23,8% glauben, dass Engel oder gute Geister ihnen helfen (vgl. TNS Infratest zitiert nach Statista.com 2006). Nach einer Online Umfrage in Österreich glauben mehr als 74% der Befragten an Schicksal (vgl. Marktagent.com zitiert nach Statista.com 2013). Der Frage nach dem Glauben wurde gesellschaftlich und wissenschaftlich bereits viel Aufmerksamkeit gewidmet. So befasste sich z. B. der Religionsmonitor 2008 eingehend mit der Frage, woran die Welt glaubt. Beobachtet man einige Ausschnitte dieses Werkes und fokussiert dabei auf den deutschsprachigen Raum, findet man interessante Daten. So definieren sich beispielsweise 52% der Deutschen, wie auch der Österreicher und 58% der Schweizer als religiös, als hochreligiös bezeichnen sich 18% der Deutschen, 20% der Österreicher und 22% der Schweizer (vgl. Rieger et al. 2009, S. 770). Aus einem anderen Blickwinkel zeigt sich, dass 34% der Deutschen stark und 26% mittelstark an einen Gott oder etwas Göttliches wie auch an ein Leben nach dem Tod glauben. Bei den Österreichern glauben das 37% stark und 35% mittelstark. Die Schweizer ordnen sich mit 41% einem starken und mit 27% einem mittleren Glauben daran zu (vgl. ebd., S. 772). Beobachtbar wird hieran, dass in der Wahrnehmung der Teilnehmerinnen unterschieden wird zwischen Religiosität und Glaube. Durch eine weitere Brille geblickt, erkennt man, dass 46% der Deutschen, 48% der Österreicher und 53% der Schweizer das Gefühl haben, Gott oder etwas Göttliches greift in ihr Leben ein (vgl. ebd., S. 775). Dem gegenüber stehen folgerichtig jene Personen, die sich nicht als religiös bezeichnen, nicht an etwas Göttliches glauben oder daran, dass etwas Höheres in ihrem Leben wirkt. Natürlich können das auch Personen sein, die sich nicht sicher sind, denen dies egal ist oder die keine Meinung dazu haben. Doch was ist mit diesen Personen? Glauben sie nicht?

Maturana sagt „Sie glauben nicht, dass sie glauben, sondern sie glauben zu wissen, denn sie wissen nicht, dass sie glauben“ (Maturana und Pörksen 2002, S. 43). Betrachtet man die Fragestellung erkenntnis- und systemtheoretisch, so ist jede Wahrnehmung das Resultat der systeminternen Prozesse. Das System definiert seine Umwelt und sich selbst. Das bedeutet auch, dass das System das ist, was es denkt zu sein (vgl. Arnold 2009, S. 15 ff) oder was es glaubt zu sein. Die Frage der Selbstdefinition ist dann die Frage nach den eigenen rekursiven Mustern – z. B. Gedanken- oder Glaubensmustern (vgl. ebd.). Folgt man diesem Gedankengang, findet man sich abermals in einer Zirkularität, in der das Denken und der Glauben sich bedingen.

> „Die Wirksamkeit des Glaubens als Konstruktionselement unserer Deutung der Welt ist in vielerlei Hinsicht unbestreitbar. Wir nennen es dann jedoch oft Einstellung, Haltung, Meinung, Überzeugung.“ (Körbel im Interview 2018)

So führt der Gedanke wiederum auf die Bedeutung des Wortes als Schöpfungsakt im Unterscheiden und Bezeichnen.

> „Wir sind in einem reichlich unbegreiflich komplexen Dasein gelandet und versuchen es zu bewältigen. […] Religiosität [oder Glaube] ist dafür ein sehr guter Weg […]" (Körbel im Interview 2018)

Ein weiterer sehr guter Weg ist eine wissenschaftliche, forschende Herangehensweise. Will das psychische System nun etwas wissen und zu diesem Zwecke beweisen, geht es also im Kern darum, die Komplexität der Umwelt zu reduzieren. Im Bewusstsein der Wirklichkeitskonstruktion und Beobachterposition bleibt Bestandteil der Beobachtung, dass ein Beweis ein

> „[…] akzeptabel erscheinende[s] Angebot einer Beschreibung [ist], […] [das] das Geschehen, das man beweisen will, hervorbringt und erzeugt." (Maturana und Pörksen 2002, S. 54).

Also ebenso, wie der Glaube für sich ein zirkulärer Konstruktionsprozess eines psychischen Systems ist. Somit sind Wissen und Glauben aus der systemischen Sicht die sprichwörtlichen zwei Seiten derselben Medaille. Wenn die systemische Beobachterin definiert, dass die Beobachterin selbst die Wirklichkeit schöpft, dann ist folglich der Glaube an etwas und das, woran geglaubt wird, Wirklichkeit. Ob etwas zufällig oder nicht zufällig ist, erscheint nun als Glaubenssache; genauer gesagt als beobachterinnenabhängig.

Die für die Beobachtung des vorliegenden Textes relevante Beobachtung befasst sich mit der Konstruktion von Zufall oder Nicht-Zufall im Zusammenhang mit der Nutzung von Tarot anhand von Interviews mit Nutzerinnen wie auch Expertinnen. Einig sind die Nutzerinnen sich in der Annahme und Konstruktion von Nicht-Zufall im Zusammenhang mit der Anwendung von Tarot. Der von den Interviewpartnerinnen konstruierte Nicht-Zufall unterscheidet sich jedoch in der Unterscheidung und Bezeichnung. In der Art der Nicht-Zufalls-Konstruktion liegt ein Variantenreichtum, der verschiedene Szenarien ermöglicht. Diese unterscheiden sich z. B. dadurch, ob der Nicht-Zufall durch eine äußere wesenhafte Instanz oder durch das Innere verwirklicht wird. Die äußere Instanz, mit der die Beobachterin in Kommunikation treten kann, wäre z. B. etwas Göttliches, wie

Gott oder das Universum. Die innere Instanz kann sowohl durch ein höheres Inneres, wie z. B. die Seele, als auch durch ein psychologisches Inneres, wie z. B. das Unterbewusstsein, verlebendigt werden. Der wesentliche Aspekt dieser Nicht-Zufalls-Konstruktionen ist für diese Betrachtung die Grundannahme, dass die Karten in ihrer Passung nicht zufällig sind.

Beobachtungsvariante:

Abb. 23: Mind-Map Beispiele genannter Nicht-Zufalls-Konstruktionen aus Interviews

Allerdings sollte auch eine auf Zufall beruhende Interpretation der Kartenpassung in der Beobachtung nicht außer Acht gelassen werden. Banzhaf umschreibt seine Beobachtung der Kartenpassung in einem Interview mit der Zeitschrift Tarot Heute wie folgt:

> „Die psychologische [Sichtweise] betrachtet die Kartenbefragung als einen Dialog zwischen unserem Bewusstsein und dem Unbewussten. Das Bewusstsein stellt die Fragen, die das Unbewusste in seiner bildhaften Sprache beantwortet und diese Antwort muss dann natürlich

> noch in unsere Sprache übersetzt werden [...] Die andere Erklärung geht davon aus, dass sich im Zufall die Qualität des Augenblicks offenbart, und dass in der Symbolik des Frageaugenblicks auch die Antwort liegt." (Eckhart 2004, S. 9 f)

Aus dem Zufall, in dem sich die augenblickliche Qualität zeigt, und der Symbolik der aktuellen Fragegestellung soll die Interpretation durch die Ratsuchende und/oder Beraterin emergieren. Das wiederum bedeutet, dass unabhängig von einer Zufälligkeit oder Nicht-Zufälligkeit der ausschlaggebende Moment die Sinnzuschreibung durch die Beobachterin ist. Auf Basis der Strukturdeterminiertheit und Selbstreferenz der Beobachterin kann diese allerdings tatsächlich nicht zufällig sein, sondern erwächst aus dem vergangenheitsabhängigen Sinnhorizont der Beobachterin. Insofern entkoppelt sich der Nicht-Zufall an dieser Stelle von der Auswahl verdeckter Karten und bleibt an die Interpretation der Beobachterin gekoppelt. Diese Unterscheidung trifft auch Schwarz indem sie sagt

> „Beim Arbeiten mit Tarot gibt es die Möglichkeit, eine Karte offen aus allen zu wählen [...]. Bei dieser Bearbeitungsform wird klar selbst mitgesteuert und nicht alles dem Zufall überlassen. Die andere Möglichkeit ist, sich die Karte blind [...] zu ziehen. Bei dieser Variante übernimmt der Zufall das Steuer und bringt Neues und noch Unbekanntes, Unerwartetes zum Vorschein." (Schwarz 2005, S. 242)

Weiter sagt sie, dass „[d]ie Frage [die Antwort] steuert [...]" (ebd., S. 243). Daran wird deutlich, dass die Konstruktion der Fragenden ausschlaggebend ist. Mehr noch wird bei Schwarz in der Verbindung der Zufalls-Konstruktion zum Ziehen der Karten und der Nicht-Zufalls-Konstruktion zu den Antworten der Karten ein geschickter Befreiungsschlag inszeniert. In der bewussten Auswahl des Werkzeuges Tarot für Beratungs- und Reflexionsprozesse in Bezug auf Zufall konstruierende Systeme wird der Zufall aus einer jähen Position in eine erwartete Position gesetzt. Über diese Brücke lässt der Zufall sich als Unterstützer von Musterunterbrechung und Perspektivengenerierung instrumentalisieren. Über diese Konstruktion eines Positionswechsels ermöglicht Schwarz zudem der Zufallsgläubigen eine Verstärkung des empfundenen Nutzens wie auch der Selbstwirksamkeit, indem der Selbstbezug über die Frage als Quelle der Antwort hergestellt wird. Vor dem Hintergrund der modellhaften Definition des Tarot, die Schwarz verwendet (vgl. ebd., S. 27 ff), lässt sich allerdings beobachten, dass die Verwendung des Tarot im Kontext der Selbstreflexion und Beratung mehr der in dieser Arbeit verwendeten Unterscheidung der Nicht-Zufalls-Konstruktion im Sinne einer inneren Instanz entspricht, als einer tatsächlichen Zufalls-Konstruktion.

Wie bereits erwähnt[8], begründet sich in der Feststellung der Beobachterinnenabhängigkeit, dass Wirklichkeits-Konstruktionen wie Synchronizität oder Wahrsagerei kein Beobachtungsziel dieser Masterarbeit sind. Der Ausgangspunkt von Zufall und Nicht-Zufall bleibt daher die Abhängigkeit von der prozessierten Wirklichkeit der Beobachterin. Diese Unterscheidung bleibt die relevante Grundlage zur Definition des Nicht-Zufalls und Zufalls in der Realität der vorliegenden Ausarbeitung.

---

[8] vgl. 2.4 und 5.1.2

Abb. 24

Abb. 25

Beobachtungs-Potpourri:

„Wenn es zufällig ist, dann ist es sehr interessant, dass es immer passt. Ich glaube nicht, dass das zufällig ist." (Partnerin 2, 2018)

„An Zufall glaube ich nicht. Nein. […] das hängt mit der Person selbst zusammen […] [u]nd das, was man hineininterpretiert." (Partnerin 5, 2018)

„Dem Tarot ist es völlig wurscht, was einer denkt, er offenbart seine Erkenntnis und Botschaft nach eigenen Gesetzen." (Körbel im Interview 2018)

„Meist meint man […] [mit Zufall], dass irgendetwas ‚aus heiterem Himmel' auf uns zukommt. Tatsächlich verstehen wir aber darunter, dass einem etwas zufällt, das für uns eine besondere Bedeutung hat und uns etwas sagen will […]" (Neff im Interview 2018)

„Ich ziehe halt genau die Karten, die mein Unterbewusstsein, meine Seele, mein höheres Selbst – keine Ahnung wie man das nennen mag – zieht." (Partnerin 3, 2018)

7 Paradoxie im Kontext der Selbstverantwortung

Zufall wird gemeinhin definiert als etwas Unbeabsichtigtes, Unerwartetes, Unvorhersehbares. Also etwas, das geschieht, ohne einen Bezug zu der betreffenden Person oder Situation zu haben. „Das war doch reiner Zufall!", „Hätte ich nicht zufällig …" und „Das ist einfach so passiert." sind redensartlicher Ausdruck dessen. Wer in seiner Wirklichkeit eine Zufalls-Konstruktion verlebendigt kann nichts dafür und gibt etwas ab: Verantwortung, Kontrolle, Macht. Würdigt man solche Redensart ernsthaft und nimmt sie wörtlich, ist es sogar so, dass etwas Fremdes dem Menschen diese Attribute jäh entreißt. Daher löst Zufall gelegentlich eine Assoziation von Hilflosigkeit aus.

Es scheint so, dass die Zufallsgläubige nicht einmal ein Gegenüber hat, mit dem sie in irgendeiner Weise in Kommunikation treten kann. Der Zufall erscheint in seinem Wesen ungreifbar und wesenslos. An der einen oder anderen Stelle mag eine Leserin nun schulterzuckend denken: „Hm. Schicksal." – Warum Schicksal? Im Sprachgebrauch scheinen Schicksal und Zufall zuweilen austauschbar zu sein. Die gemeinsame Qualität könnte mit „Da kann ich nichts machen" ausgedrückt werden. Dennoch scheint, sprachlich betrachtet, dem Schicksal mehr zugetraut zu werden. Mit Realitäten wie Schicksal, Fügung oder Bestimmung kann gerungen, gehadert oder sich darin gefügt werden. Die Schicksalsgläubige scheint mehr Spielraum zu haben. Sie gibt auch ab, z. B. Macht, kann aber darum ringen. Sommer-Teckenburgs Beobachtung „[…] der Überzeugung der Kontrolle über das eigene Leben" (Sommer-Teckenburg 1991, S. 55), die aus einer Nicht-Zufalls-Wirklichkeit der Probanden emergiert (vgl. ebd., S. 55 ff), spiegelt sich hier exemplarisch im Sprachgebrauch wieder.

In der Beobachtung von Zufall gibt es neben der gängigen Interpretation von willkürlichem Geschehen, eine weitere Sichtweise. Wie auch Neff im Interview beschreibt kann Zufall bedeuten, dass jemandem gezielt etwas zu-fällt (vgl. Neff im Interview 2018). Dieses Zu-Fallen ordnet die Autorin, auf Basis der zugrundeliegenden Vermutung eines Bezuges zum erfahrenen System, dem Bereich der Nicht-

Zufalls-Konstruktionen zu. Die Wirklichkeitskonstruktion, die voraussetzt, dass ein Geschehen in einem Bezug zum erlebenden System steht und eine mögliche Botschaft beinhaltet oder vom erlebenden System angezogen wurde, fällt in denselben Wirklichkeitsraum, wie die Nicht-Zufalls-Vermutung. Unabhängig von einer möglichen Kreation einer zusätzlichen handelnden Instanz zeigt auch diese Wirklichkeitsvariante die Wahrnehmung des Systems, dass etwas nicht als willkürlich, losgelöst und unbeabsichtigt wahrgenommen wird.

Der Fokus der Betrachtung liegt in diesem Kapitel auf der Paradoxie der Nicht-Zufalls-Konstruktion und der Selbstbestimmung wie auch Selbstverantwortung der Ratsuchenden. Dennoch sei erwähnt, dass sich in der Zufalls-Konstruktion ein ähnlich gelagertes Paradox entfaltet. Die Selbstbestimmung und -verantwortung sieht sich in jenem Fall einer unvorhersehbaren, jäh auftauchenden Gewalt gegenüber, die für eine Kommunikation nicht zur Verfügung steht. Die Ratsuchende hat lediglich die Möglichkeit mit dem, was ist, in irgendeiner Weise umzugehen und darauf zu reagieren. Dabei ist die Konstruktion des Zufalls nicht zwingend etwas Negatives. Zufälle können glücklich, willkommen oder neutral sein.

Auch in der Nicht-Zufalls-Konstruktion offenbart sich der äußeren Beobachterin ein Paradoxon. Die Nichtzufallsgläubige sieht sich einer Instanz gegenüber, die in das Geschehen einwirkt und dadurch mit der Nichtzufallsgläubigen in Kommunikation tritt. In Gegenüberstellung von Nicht-Zufalls- und Zufalls-Konstruktionen zeigt sich, wie auch Sommer-Teckenburg feststellte (vgl. Sommer-Teckenburg 1991, S. 55), dass Personen in der Prozessierung des Nicht-Zufalls ein verstärktes Empfinden von Kontrolle oder Macht im eigenen Lebensgeschehen erleben. Das bedeutet in der Folge, dass durch das Einwirken einer anderen Instanz die Selbstermächtigung des Individuums gestärkt wird. Im Inneren des Systems wird diese Paradoxie nicht wahrgenommen bzw. empfunden, sondern diese Verbindung als schlüssig betrachtet. Der augenscheinliche Widerspruch existiert somit lediglich in der Beobachtung von außen. Das psychische System muss keine Paradoxie auflösen oder bewältigen, denn es ist nicht nötig, eine Entscheidung zu treffen – das Prozessieren und Erleben an sich ist der individuellen Wirklichkeit genug. Was ist nun der Kern dieser individuellen Wirklichkeit von Begleitungsempfinden und selbst-ermächtigter Wirksamkeit? Die Beobachterin selbst erkennt eine sie beobachtende (wohlwollende) Instanz. Mit dieser beobachteten und oft als höher bezeichneten Instanz tritt die Beobachterin in Kontakt oder hat den Eindruck, dass diese mit ihr in Kontakt tritt.

Ein vereinfachtes Beispiel für einen Teilaspekt von Kommunikation in der – scheinbar – lediglich die Beobachterin Sinn zuschreibt und kommuniziert findet sich in Szenen einer amerikanischen Unterhaltungs-Serie: New Girl[9]:

> Ein Protagonist (Nick) dieser Serie holt sich immer wieder Rat bei einem Freund (Tran), dem er eines Tages unverhofft in einem Park begegnet ist. Das Wesentliche ist, dass dieser Freund nie spricht. Er verwendet auch keine Zeichensprache oder Ähnliches. Gelegentlich tut er etwas, aber es verlässt nie ein Wort seine Lippen. Er schaut sein Gegenüber an und lächelt. Wenn Nick etwas Witziges sagt und lacht, lacht Tran mit, ansonsten schaut und schweigt Tran lediglich. Dennoch erhält Nick tiefgreifende Lebenshilfe aus den weisen Ratschlägen Trans. Nick hält in der Regel einen Monolog, bei dem er Tran anspricht, ins Denken kommt, sich die Antworten dann selbst sagt und das Gesagte Tran zuschreibt. Tran schaut Nick an und bildet gleichsam den Spiegel für Nick, der die Antworten in seinem Inneren bereits weiß und einen Zugang zu sich selbst benötigt, um die Lösung zu erkennen. Aus Nicks Perspektive ist es jedoch Tran, der diese Lösung ausspricht und ihm hilft. Natürlich reagiert Tran auf Nick, er lässt sich z. B. umarmen und er hält Blickkontakt. Dennoch sind die Ratschläge und Lösungen nicht von ihm gefunden und ausgesprochen worden, sondern von Nick selbst. Nick konstruiert die Weisheit Trans, indem er seinem Schweigen Sinn und Inhalt zuschreibt. (vgl. New Girl, Staffel 2, 2012 (USA), 2013 (Deutschland))

In Kommunikation bleibt die Sinnzuschreibung stets bei der Beobachterin selbst. Die Interaktion des Gegenübers bleibt ein undurchschaubares Geschehen. Ob die Sinnzuschreibung der Beobachterin

---

[9] Ein Beispiel einer solchen Szene findet die interessierte Leserin in dem Ausschnitt „Tran's Words Of Wisdom" aus New Girl, Staffel 2, Episode 21 auf Youtube unter: https://www.youtube.com/watch?v=dkvo3D3vX9k, zuletzt geprüft am 06.10.2018

mit dem vom Gegenüber prozessierten Sinn und seiner Intention übereinstimmt, kann niemals mit absoluter Gewissheit aufgedeckt werden. Sinnzuschreibung ist ein innerer Prozess des Systems, das Gegenüber ist außerhalb des Systems. Es kann nicht in das Innere gelangen. Vor dem Hintergrund, dass alles Externe – auch andere lebende Systeme – für die Beobachterin Umwelt und daher für die inneren Prozesse ununterscheidbar ist (vgl. Maturana und Varela 2015, S. 196), zeigt sich die Kommunikationsaufnahme zu oder von einer höheren beobachtenden Instanz als prozessierbar. Hierzu ist es lediglich erforderlich, dass die Beobachterin als autopoietisches System eine Kommunikation unterscheidet und bezeichnet. Unerheblich ist in diesem Zusammenhang, ob andere Beobachterinnen diese Kommunikation erkennen können – also, ob z. B. die Leserinnen dieser Arbeit die für die Interviewpartnerinnen stattgefundene Kommunikation mit dieser Instanz erkennen und benennen bzw. als real annehmen können.

Folgt man Maturana in dem Gedanken, dass die Beobachtende selbst die Quelle allen Seins ist (vgl. Maturana und Pörksen 2002, S. 27), so ist die von ihr erkannte und benannte Instanz prozessiertes Sein. Diese nun verlebendigte Instanz tritt in Interaktion mit der Beobachterin oder steht ihr zumindest hierfür zur Verfügung. Steht der Beobachterin nun ein Sein gegenüber, so kann sie auf dessen Handlungen eingehen oder dieses Sein in Entscheidungsprozesse einbinden. Die Ratsuchende als Beobachterin schreibt in der Beobachtung ihrer komplexen Umwelt Sinn zu. Wie bereits beschrieben erscheint der Nicht-Zufall bzw. die höhere Instanz der Beobachterin kontingent. Die Zuschreibung von Sinn ermöglich das Emergieren von Kommunikation. Die Beobachterin kommuniziert. Das Geschehen in der Umwelt erhält durch die Zuschreibung der Beobachterin Sinn. In diesem Moment entsteht, durch die Unterscheidung und Bezeichnung der Beobachterin, wechselseitige Kommunikation und Interaktion. Die Beobachterin ist nun, abhängig von der Art ihrer Nicht-Zufalls-Konstruktion, in der Lage, um etwas zu bitten, zu diskutieren oder ein Geschehen zu interpretieren und zu reflektieren. Auf Basis dieser Kommunikation existiert immer eine mögliche Lösung oder eine sinnvolle Erklärung. Eine Interviewpartnerin umschreibt dies wie folgt:

> „Als Beispiel gibt es eine Situation in meinem Leben, in der ich sage: ‚Das ist jetzt so schlimm und schlecht für mich. Das fühlt sich für mich ganz gruselig an.' Dann habe ich das abgegeben und sage: ‚Hier komme ich selber nicht weiter. Ich bewerte das nicht und gebe es ab!' Dann habe ich oft gemerkt, dass es sich in eine wohlige und gute Richtung fügt. Am Anfang habe ich geglaubt, das ist der Albtraum überhaupt, und wenn ich jetzt zurückschaue, bin ich so gewachsen und das war ein so großes Geschenk." (Partnerin 3, 2018)

Wie zuvor beschrieben liegt in der Art der Nicht-Zufalls-Konstruktion ein Variantenreichtum, der verschiedene Szenarien ermöglicht. Um den Rahmen der vorliegenden Ausarbeitung zu wahren, muss auf eine eingehende Betrachtung der vielen Varianten verzichtet und auf das Wesentliche und Gemeinsame fokussiert werden. Dabei lässt die innere Instanz sich gleichwertig mit der äußeren Instanz als prozessierte Kommunikationspartnerin definieren und liegt in der Wahrnehmung der Beobachterin auf der äußeren Ebene, da diese keinen direkten Zugriff innerhalb des Systems findet. Diese Kommunikationspartnerin hat andere oder umfassendere Erkenntnis über die Beobachterin und ihre Situation, als diese selbst. Dadurch eröffnet sie, über die Kommunikation, neue Perspektiven und Wahrnehmungsräume für die Beobachterin. In der Anwendung von Tarot zur Selbstreflexion und Beratung erscheint die Tarotkarte als das Kommunikationsmedium zwischen Beobachterin und äußerer/innerer Instanz. Die Tarotkarte ist Teil der beobachteten Umwelt. In der Nicht-Zufalls-Konstruktion fällt diese Karte oder diese Kartenkombination mit einem Bezug zu der Beobachtenden. In der Auseinandersetzung mit diesem Bezug und der Karte kreiert die Beobachterin eine Kommunikation. Durch diese Kommunikation findet die Beobachterin einen reflektierenden Zugang zu bereits vorhandenen, aber unbewussten Gedanken und neuen Sichtweisen. Dadurch erschließt sich die Möglichkeit der Veränderung und Entwicklung in bestimmten Prozessen und Situationen.

Gerade dieser Kommunikationsprozess scheint der Ankerpunkt einer Aufhebung der augenscheinlichen Paradoxie von eingreifender Instanz und Selbstermächtigung zu sein. Wird diese Instanz nun als Kommunikationspartnerin begriffen, etabliert diese Instanz kein Eingreifen, sondern ein Unterstützen. Die Ratsuchende selbst ist die Beobachterin, die einen Ratschlag annimmt oder verwirft. Das Ausmaß der Kontrolle, die eine durch die Beobachterin prozessierte externe Instanz hat, liegt in der Prozessierung der Beobachterin. Sie entscheidet auf Basis zusätzlich generierter Informationen autonom. Die Möglichkeit, in Kommunikation zu gehen, neue Informationen zu generieren und eine zuverlässige Unterstützung durch Kommunikation zu erfahren, stärkt die Selbstkompetenz, Selbstwirksamkeit und Selbstermächtigung der Beobachterin.

Beobachtungsvariante:

Die Konstruktion einer unterstützenden und kommunizierenden Instanz determiniert ein verstärktes Empfinden der Kontrolle über das Leben und Geschehen. Die Beobachterin erschafft Selbstermächtigung und Entlastung gleichermaßen.

Abb. 26

7.1 Exkurs Systemfrage

Der bereits angeklungene Hintergrund der notwendig erscheinenden Komplexitätsreduktion betont den Aspekt der Beobachterinnenabhängigkeit. In der Beobachtung des beschriebenen Prozesses verdeutlicht sich, dass – mindestens aus Sicht der Beobachterin 1. Ordnung – Kommunikation entsteht. Die Kommunikation reduziert Komplexität und löst die, von außen beobachtbare, Paradoxie für die innere Betrachtung auf. Dabei erscheint es ausgesprochen interessant zu beobachten, ob diese erwachsende Kommunikation aneinander anschließende Kommunikationen generiert. In der zuvor beschriebenen Prozessierung und Zuschreibung von Sinn zur Kontingenzbewältigung (vgl. Luhmann 2012, S. 152f u. 93 ff) ist dies der Fall, wodurch die Nichts-Zufalls-Konstruktion als mögliche Umwelt eines sozialen Systems inkarniert. Der Nicht-Zufall verhält sich für das konstruierende System kontingent, sodass dieses die Notwendigkeit empfindet in eine Sinnzuschreibung überzugehen und gegebenen Falles eine Kommunikation mit jener, dem Nicht-Zufall zugrundeliegender, Instanz zu treten. Unabhängig von der Konstruktion anderer autopoietischer Systeme kann in der Wirklichkeit des betreffendes lebenden Systems über die nicht zufälligen Geschehnisse eine anschließende Kommunikation entstehen. Die Annahme, dass eine Kommunikation entstehen und ein soziales System erschaffen kann, ohne dass mehr als eine Person oder Organisation beteiligt sind, erscheint wiederum paradox.

Die Beobachterin beobachtet Operationen und ist eine Operation (vgl. vgl. Luhmann und Baecker 2011, S. 137). In der Beobachterin schließen, wie in jedem autopoietischen System, rekursive Operationen aneinander an. Der Prozess der Sinnzuschreibung ist eine solche Operation innerhalb der Beobachterin. Das zuvor eingeführte Kommunikationsbeispiel anhand der Figuren Nick und Tran (vgl. New Girl, Staffel 2, 2012 (USA), 2013 (Deutschland)) veranschaulichte das Operieren der Sinnzuschreibung im System der Beobachterin. Anders gesagt: Es existiert keine Abbildung von einem Sinn, den ein Gegenüber generiert, sondern eine Zuweisung von Sinn (vgl. Foerster 2008, S. 109 ff), den die Beobachterin durch ihre Beobachtung der Umwelt prozessiert (vgl. Maturana und Varela 2015, S. 196). Wie oben beschrieben, ermöglicht diese erkenntnistheoretische Grundlage die Kommunikation mit einer Instanz, die lediglich durch die prozessierende Beobachterin wahrgenommen wird. Auch hier liegt in der

Wahrnehmung der Beobachterin selbst keine Paradoxie, denn sie nimmt ihr Gegenüber als wirklich wahr. Die Paradoxie dieser Kommunikation zeigt sich auch in diesem Zusammenhang nur der Beobachterin der zweiten Ordnung, die eine kommunizierende Instanz nicht wahrnimmt.

> „Die Beobachtung zweiter Ordnung kann beobachten, daß (sic!) die beobachteten Systeme paradox operieren und wie sie mit diesen Paradoxien umgehen, das heißt, welche Strategien der Entparadoxierung sie entfalten." (Wittenbecher 1999, S. 65)

Der ausschlaggebende Unterschied, der die Paradoxie aufhebt oder erhält, ist an dieser Stelle die getroffene Unterscheidung durch die Beobachterin (vgl. Luhmann und Baecker 2011, S. 161).

Die Beobachterin wirft ihre innere Prozessierung also nach außen, kreiert eine Kommunikationspartnerin und integriert diese in einen rekursiv andauernden Prozess der Kommunikation. Angelehnt an Luhmanns Interpretation von Spencer-Brown formuliert, lässt die Beobachterin ihre Prozesse von innen nach außen und zurück kreuzen. So integriert die Beobachterin die Unterscheidung sowohl in sich selbst zurück als auch in ein System außerhalb ihrer Selbst: das von ihr wahrgenommene soziale System. Es erfolgt somit ein doppeltes Re-Entry. In der Grenzbildung – der Unterscheidung und Bezeichnung von Innen und Außen – des beobachtenden Systems liegt bereits der erste Re-Entry, denn

> „[…] die Form des Beobachtens [ist] schon ein re-entry (sic!) der Form in die Form impliziert, weil die benutzte Unterscheidung die Unterscheidung von Unterscheidung und Bezeichnung voraussetzt. Die Unterscheidung ist immer schon in sich selbst hineinkopiert als Unterscheidung, die sich von der Bezeichnung unterscheidet, die sie ermöglicht." (Luhmann 1997, S. 102).

Der zweite Re-Entry findet sich in der Integration der Unterscheidung und Bezeichnung in die Beobachtung eines sozialen Systems. Hier zeigt sich erneut, dass in der Wahrnehmung der Beobachterin 1.

Ordnung ein Gegenüber existiert, mit dem Sie kommuniziert. Erneut schließt sich ein Kreis.

Beobachtungsvariante:

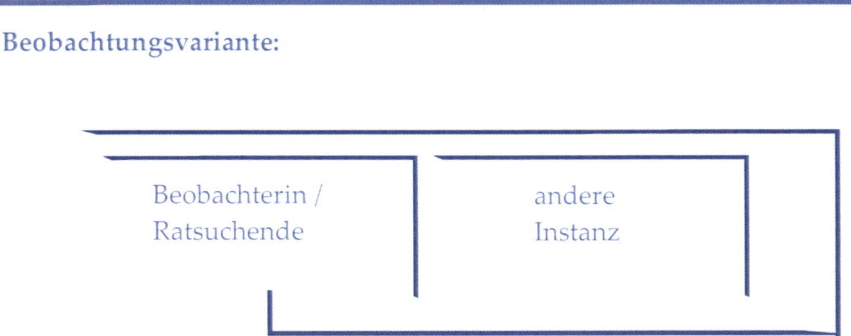

Abb. 27: Re-Entry der Unterscheidung einer nicht zufälligen, höheren Instanz (Umwelt) in das prozessierende System (vgl. Spencer Brown 1979, S. 57 ff)

Die Fragestellungen in Bezug auf ein mögliches soziales System, das ausschließlich durch die Prozessierung einer einzelnen Person emergiert, öffnet eine Tür, durch die zu schreiten der enge Rahmen der vorliegenden Betrachtung nicht erlaubt. Dennoch ergeben sich hinter dieser Tür vielfältige Fragen, denen an anderer Stelle nachgegangen werden könnte, z. B. ob ein solches System tatsächlich autopoietisch Kommunikation an Kommunikation anschließt, ob beziehungsweise wie es sich selbst beobachten kann und wer sich – außer der Beobachterin – in diesem Falle als Umwelt zur Verfügung stellt.

In der hier prozessierten Erarbeitung zeigt sich die Feststellung, dass die Fragen „Existiert eine äußere Instanz oder existiert keine äußere Instanz?", „Existiert anschließende Kommunikation oder existiert keine anschließende Kommunikation?" oder „Wenn ein soziales System entsteht, was/wer sind die Umwelten?" sich ausschließlich aus der jeweiligen Position einer Beobachterin entscheiden und sich somit aufheben.

So endet die kurze Reise in die vielfältige Ausformung von Paradoxie anhand der Kommunikation mit einer Instanz aus der Nicht-Zufalls-Konstruktion dort, wo sie begonnen hat.

Das Ende dieses kleinen Ausflugs schließt gleichsam die Beobachtung vor den Augen der Beobachterinnen, nicht nur für das Unterkapitel oder Kapitel, sondern für die gesamte inhaltlichen Erarbeitung der hier beobachteten Masterarbeit.

8 Fazit

In der Gesamtheit dieser Erarbeitung zeigt sich, dass Tarot ein geeignetes Mittel zur Selbstreflexion wie auch Beratung ist. Über die bildhaften Metaphern der Karten kreuzt das Innere der Fragenden über das Außen zurück ins Innen und ermöglicht eine Beobachtung 2. Ordnung, die innere Prozesse in die Beobachtbarkeit einbindet. Über die Möglichkeit, losgelöst von eigenen Zuschreibungen die Deutungsvarianten und Symbole der Karte oder ihre Bilder zu betrachten, generiert die Fragende sowohl die Möglichkeit einer Bestätigung eigener Zuschreibungen wie auch einer Ablösung von (evtl. starren) Denk- und Gefühlsmustern. In dieser Ablösung kann der Blick auf die Frage derart erneuert und erweitert werden, dass teils auch eine Betrachtung unbewusster Aspekte oder blinder Flecken ermöglicht wird. In der Bestätigung kann eine Entlastung oder Bestärkung gefunden werden, die die Fragende unterstützt.

In diesem Prozess der Selbstbeobachtung erscheint die Wahrung der Verantwortungs- und Selbstverantwortungsbereiche von Fragender und ggf. Beratender wesentlich, analog zu jedwedem Beratungs- und Reflexionskontext.

Beachtung verdient im Zusammenhang der Tarotnutzung die Konstruktion von Zufall oder Nicht-Zufall. Einerseits haben diese eine Auswirkung auf die Wahrnehmung von Wirksamkeit der Tarotnutzung (vgl. Sommer-Teckenburg S. 55 ff), andererseits auf die Wahrnehmung von Selbstwirksamkeit und Selbstbestimmung. Probandinnen, die eine Nicht-Zufalls-Konstruktion verwirklichen, erleben sich in der Nutzung von Tarot als selbstwirksam und selbstbestimmt. Die an dieser Stelle zunächst zu vermutende Paradoxie löst sich über die Konstruktion einer Kommunikationspartnerin auf, die für einen Austausch zur Verfügung steht. Auf Basis dieses Austausches bildet die Fragende Informationen, die in der Folge die Möglichkeit einer selbstbestimmten Wahl oder Entscheidung schaffen.

Beobachtungsvariante:

Die selbstbeobachtende Beobachterin wendet sich über die Metaphern und Bilder des Tarot einer Spiegelung ihrer selbst zu, die mannigfaltige Aspekte ihres Seins und Tuns zurück in ihre Selbstwahrnehmung reflektiert, sodass die Beobachterin anhand dieser selbst erwählten Quelle eigenständig eine wirksame Perturbation kreiert.

Abb. 28

Der symbolische und metapherartige Deutungshorizont der Karte bietet dem psychischen System umfassende Möglichkeiten des Selbstbezugs. Die in der Anwendung von Tarot wahrgenommene Passung der Karten auf die beobachtete Person oder Situation gründet sich auf der Selbstreferenz des operational geschlossenen, autopoietischen Systems. Der besondere Nutzen der vorgestellten Methode liegt in ebendiesem vehementen Bezug zur Selbstreferenzialität. Das Driftungsbestreben verwirklicht sich über die Selbstbeobachtung, die die Fragende, anhand einer selbstreferenziellen Perturbation, in ihren eigenen Erkenntnis- und Entwicklungsprozess führt.

Die Wirksamkeit und Selbstwirksamkeit von Tarot als systemisches Werkzeug begründet sich in der Selbstreferenz des ratsuchenden Systems, das dieses Werkzeug nutzt, um sich selbst über die Selbstreferenz zu irritieren und zu perturbieren.

Literaturverzeichnis

Anaconda Verlag (Hg.) (2013): I Ging. Das Buch der Wandlungen. Unter Mitarbeit von Richard Wilhelm. Köln: Anaconda Verlag.

Apptopia intelligence data: Data Usage. Online verfügbar unter https://apptopia.com/legal/data-usage, zuletzt geprüft 10.07.18.

Apptopia intelligence data (10.07.08, 08:30 - 09:30 Uhr): Suchergebnisse zum Begriff "Tarot" mit der Sortierung "paid" und "both Stores". kostenpflichtige Tarotapps. USA. Online verfügbar unter https://apptopia.com/search/view-all?assets%5B%5D=apps&kind%5B%5D=paid&by=name&term=Tarot, zuletzt geprüft am 10.07.18.

Apptopia intelligence data (Rankings vom 2018, 08:30–09:30 Uhr): Rankings GooglePlay Store, "Top-Charts", Lifestyle. Einzelne Länderrankings im Vergleich verwendet: Deutschland, Österreich, Schweiz und USA. Die verglichenen Daten basieren auf einzelnen öffentlichen Ranking der Apptopia intelligence data. USA. Online verfügbar unter https://apptopia.com/search/view-all?assets%5B%5D=apps&kind%5B%5D=paid&by=name&term=Tarot, zuletzt geprüft am 10.07.18.

Arnold, Rolf (2009): Seit wann haben Sie das? Grundlinien eines emotionalen Konstruktivismus. 1. Aufl. Heidelberg: Carl-Auer-Verl. (Philosophie, Systemtheorie, Gesellschaft).

Baumholser, Erin (2016): It's Laid Out in the Cards: How Meaning and Identity are Constructed through Tarot Reading. Bachelorarbeit. Warren Wilson College, Asheville, North Carolina. Department of Anthropology/Sociology.

Berghaus, Margot (2011): Luhmann leicht gemacht. Eine Einführung in die Systemtheorie. 3., überarbeitete und ergänzte Auflage. Köln: Böhlau (UTB Soziologie, Medien- und Kommunikationswissenschaft, Geisteswissenschaft, 2360).

Bibel: Bibel. Luther 1912. Hg. v. CID – christliche internet dienst GmbH. Online verfügbar unter https://www.bibel-online.net/.

Der Alte Mystische Orden vom Rosenkreuz (1995): Die Rosenkreuzer. Wege zu einer höheren Lebenserfahrung. 1. Aufl. Baden-Baden: A.M.O.R.C-Bücher.

Dís Brandt, Martha (2006): T.R.Y. – Tarot Reading Yourself. Bachelorarbeit. University of Akureyri, 600 Akureyri, Iceland. Faculty of Information Technology.

Dudenverlag (Hg.): Duden. Bibliographisches Institut GmbH. Online verfügbar unter https://www.duden.de/rechtschreibung/Tarot, zuletzt geprüft am 18.10.2018.

Dudenverlag (Hg.): Duden. Bibliographisches Institut GmbH. Online verfügbar unter https://www.duden.de/rechtschreibung/dienlich, zuletzt geprüft am 18.10.2018.

Eckhart, Renate (2004): Hajo Banzhaf im Interview. In: *Tarot Heute* (1), S. 9–10.

Farley, Helen (2009): A cultural history of tarot. From entertainment to esotericism. London: I. B. Tauris.

Foerster, Heinz von (Hg.) (2008): Der Anfang von Himmel und Erde hat keinen Namen. Eine Selbsterschaffung in sieben Tagen. Berlin: Kulturverl. Kadmos (Ableger, 3).

Foerster, Heinz von; Pörksen, Bernhard (2011): Wahrheit ist die Erfindung eines Lügners. Gespräche für Skeptiker. 9. Aufl. Heidelberg: Carl-Auer-Systeme-Verl. (Systemische Horizonte).

Frey, Carl F.; Banzhaf, Hajo (1998): Der Crowley-Tarot. Das Handbuch zu den Karten von Aleister Crowley und Lady Frieda Harris. Vollständige Taschenbuchausg., 3. Aufl. München: Goldmann (Goldmann, 21500).

Fröbe-Kapteyn, Olga (Hg.) (1935): Ostwestliche Symbolik und Seelenführung. [Vorträge gehalten auf der Tagung in Ascona 20. August – 1. September 1934]. Tagung. Zürich: Rhein-Verl. (Eranos-Jahrbuch, 2. 1934).

Guekos-Hollenstein, Marion (2000): Quellen des Tarot. Unbekannte Schätze in den 22 großen Arkana. [Überarb. Ausg.]. Krummwisch: Königsfurt.

Hofer, Gigi (2009): Tarot Cards: An Investigation of their Benefit as a Tool for Self Reflection. Masterthesis. University of Vivtoria, Victoria BC. Department of Educational Psychology and Leadership Studies.

IfD Allensbach zitiert nach Statista.com (Hg.) (2001): Persönliches Interesse an esoterischen Methoden / Themen. Die Esoterik ist ein weites Feld, zu welchem dieser Themen würden Sie sagen, da ist was dran, damit sollte man sich näher beschäftigen? Allensbacher Jahrbuch für Demoskopie 1998 - 2002, S. 376. Online verfügbar unter https://de.statista.com/statistik/daten/studie/346/umfrage/persoenliches-interesse-an-esoterischen-methoden-themen/, zuletzt geprüft am 24.09.2018.

Jung, C. G. (1990): Grundwerk. Archetyp und Unbewusstes. 4. Aufl. Olten, Freiburg im Breisgau: Walter.

Jung, C. G. (1991): Synchronizität, Akausalität und Okkultismus. 2. Aufl. München: Dt. Taschenbuch-Verl. (Taschenbuchausgabe in elf Bänden / C. G. Jung, 15065).

Körbel, Thomas (2001): Hermeneutik der Esoterik. Eine Phänomenologie des Kartenspiels Tarot als Beitrag zum Verständnis von Parareligiosität. Zugl.: Gießen, Univ., Diss., 2001. Münster, Hamburg: Lit (Religion und Biographie, 6).

Luhmann, Niklas (1997): Die Kunst der Gesellschaft. 1. Aufl. Frankfurt am Main: Suhrkamp (Suhrkamp-Taschenbuch Wissenschaft, 1303).

Luhmann, Niklas (2012): Soziale Systeme. Grundriß einer allgemeinen Theorie. 15. Aufl. Frankfurt am Main: Suhrkamp (Suhrkamp-Taschenbuch Wissenschaft, 666).

Luhmann, Niklas (2015): Die Religion der Gesellschaft. 4. Aufl. Frankfurt am Main: Suhrkamp (Suhrkamp-Taschenbuch Wissenschaft, 1581).

Luhmann, Niklas; Baecker, Dirk (Hg.) (2011): Einführung in die Systemtheorie. 6. Aufl. Heidelberg: Carl-Auer-Verl. (Systemische Horizonte).

Marktagent.com zitiert nach Statista.com (Hg.) (2013): Woran glauben Sie persönlich? Glaube an Übersinnliches und übergeordnete Mächte in Österreich 2013. Online verfügbar unter https://de.statista.com/statistik/daten/studie/177287/umfrage/dinge-die-einfluss-auf-eigenes-leben-haben/, zuletzt geprüft am 24.09.2018.

Maturana, Humberto R.; Pörksen, Bernhard (2002): Vom Sein zum Tun. Die Ursprünge der Biologie des Erkennens. 1. Aufl. Heidelberg: Carl-Auer-Systeme-Verl.

Maturana, Humberto R.; Varela, Francisco J. (2015): Der Baum der Erkenntnis. Die biologischen Wurzeln menschlichen Erkennens. 6. Auflage. Frankfurt am Main: Fischer Taschenbuch Verlag (Fischer, 17855).

mobilesquared Ltd (Hg.) (2015): ANNUAL MARKET REVIEW 2014. PRS market outlook 2015.

Neff, Maximilian (2017): Vortrag: Der rosenkreuzerische Tarot. Osnabrück. Online verfügbar unter https://www.youtube.com/watch?v=khiJEsI4z64, zuletzt geprüft am 20.07.18.

New Girl. Staffel 2 (2012–2013 (USA), 2013–2013 (D)) (New Girl). FOX (USA), ProSiebenSat1Media (D), 05.09.2012–14.05.2013 (USA), 01.03.2013–28.08.2013 (D).

Nichols, Sallie (1986): Die Psychologie des Tarot. Tarot als Weg zur Selbsterkenntnis nach d. Archetypenlehre C. G. Jungs. 2. Aufl. Interlaken, Schweiz: Ansata-Verl. Zemp.

Reese, Joan (2010): Examining intuitive-creativity via reading tarot cards in a person-centered climat. A dissertation submitted to the faculty of Saybrook University in partial fulfillment of the requirements for the degree of Doctor of Philosophy (Ph.D.) in Human Science. Dissertation. Saybrook University, San Francisco, California.

Rieger, Martin; Jäger, Matthias; Enderwitz, Ulrich (Hg.) (2009): Woran glaubt die Welt? Analysen und Kommentare zum Religionsmonitor 2008. Bertelsmann-Stiftung. Gütersloh: Verl. Bertelsmann-Stiftung.

Rosen, Sidney: My Voice Will Go with You: The Teaching Tales of Milton H. Erickson: Teaching Tales of Milton H. Erikson. New York, NY: W. W. Norton & Company, Inc. (1991).

Rosengarten, Arthur: moonlightcounseling. Currivulum Vitae. Online verfügbar unter http://moonlightcounseling.com/book-reviews/dr-rosengartens-curriculum-vitae/, zuletzt geprüft am 07.07.18.

Rosengarten, Arthur (2000): Tarot an Psychology. spectrums of possibility. St. Paul, Minesota (USA): Paragon House.

Schlippe, Arist von; Schweitzer, Jochen (2003): Lehrbuch der systemischen Therapie und Beratung. 9. Aufl. Göttingen: Vandenhoeck & Ruprecht. Online verfügbar unter http://www.socialnet.de/rezensionen/isbn.php?isbn=978-3-525-45659-0.

Schüring, Joachim (2003): Wieviele Zellen hat der Mensch? Hg. v. Spektrum der Wissenschaft Verlagsgesellschaft mbH. Online verfügbar unter https://www.spektrum.de/frage/wie-viele-zellen-hat-der-mensch/620672, zuletzt geprüft am 01.08.2018.

Schwarz, Lilo (2005): Im Dialog mit den Bildern des Tarot. Den Rider Waite Tarot ganz neu entdecken und verstehen. Orig.-Ausg., 1. Aufl. Neuhausen/Schweiz: Urania.

Schwarz, Lilo (2008): Selbstcoaching mit Tarot. Auf eigenen Wegen zum Ziel ; für jede Frage die richtige Tarotauslegung. Orig.-Ausg. Krummwisch bei Kiel: Königsfurt-Urania.

Seidl, Andrea (2013): I Ging. Gespräche mit der kosmischen Intelligenz. Berlin: epubli GmbH.

Siemens-Gerth, Melanie (2018a): Interview Partnerin 1. Interview mit Partnerin 1. Online, via Zoom.

Siemens-Gerth, Melanie (2018b): Interview Partnerin 2. Interview mit Partnerin 2. Online, via Zoom.

Siemens-Gerth, Melanie (2018c): Interview Partnerin 3. Interview mit Partnerin 3. Online, via Zoom.

Siemens-Gerth, Melanie (2018d): Interview Partnerin 4. Interview mit Partnerin 4. Online, via Zoom.

Siemens-Gerth, Melanie (2018e): Interview Partnerin 5. Interview mit Partnerin 5. Online, via Zoom.

Siemens-Gerth, Melanie (2018f): Interview Partnerin 6. Interview mit Partnerin 6. Online, via Zoom.

Siemens-Gerth, Melanie (2018g): Interview Partnerin 7. Interview mit Partnerin 7. Online, via Zoom.

Siemens-Gerth, Melanie (2018h): Interview Partnerin 8. Interview mit Partnerin 8. Online, via Zoom.

Siemens-Gerth, Melanie (2018i): Masterarbeit "Tarot aus systemischer Sicht - Mittel zur Selbstreflexion und Beratung? Interview mit Lilo Schwarz. Online, via Zoom.

Siemens-Gerth, Melanie (2018j): Masterarbeit "Tarot aus systemischer Sicht – Mittel zur Selbstreflexion und Beratung?". Interview mit Gerd Bodhi Ziegler. Online, via Zoom.

Siemens-Gerth, Melanie (2018k): Masterarbeit "Tarot aus systemischer Sicht - Mittel zur Selbstreflexion und Beratung?". Interview mit Vera Ruhrus. Online, via Email.

Siemens-Gerth, Melanie (2018l): Masterarbeit "Tarot aus systemischer Sicht -Mittel zur Selbstreflexion und Beratung?". Interview mit Maximilian Neff. Online, via Email.

Siemens-Gerth, Melanie (2018m): Masterarbeit "Tarot aus systemischer Sicht -Mittel zur Selbstreflexion und Beratung?". Interview mit Thomas Körbel. Online, via Email.

Simon, Fritz B. (2014): Einführung in die (System-)Theorie der Beratung. 1. Auflage. Heidelberg: Carl-Auer-Verlag (Carl-Auer Compact).

Simon, Fritz B. (2018): Formen zur Kopplung von Organismus, Psyche und sozialen Systemen. Erste Auflage. Heidelberg: Carl-Auer Verlag GmbH (Systemische Horizonte).

Sommer-Teckenburg, Bernhard (1991): Klärungshilfe mit Tarot. Diplomarbeit. Universität Hamburg, Hamburg. Psychologie.

Sunhwa, Lee (2010): 타로에 한 심리학 이해와 상담자의 역. The Psychological Understanding of Tarot and Roles of Tarot Counselor. Hg. v. The Korea Journal of Counseling. Changwon Universität. Südkorea. Online verfügbar unter http://www.kci.go.kr/kciportal/landing/article.kci?arti_id=ART001430248#none, zuletzt geprüft am 10.07.2018.

Technische Universität Kaiserslautern (Hg.) (2017): Hinweise zum wissenschaftlichen Arbeiten. Master-Fernstudiengang „Systemische Beratung". Technische Universität Kaiserslautern.

TNS Infratest zitiert nach Statista.com (Hg.) (2006): Glauben Sie, dass Schicksal und Vorbestimmung Einfluss auf Ihr Leben haben? Shell Jugendstudie. Shell. Online verfügbar unter https://de.statista.com/statistik/daten/studie/177282/umfrage/schicksal-und-vorbestimmung-haben-einfluss-auf-eigenes-leben/, zuletzt geprüft am 24.09.2018.

TNS Infratest zitiert nach Statista.com (Hg.) (2013): Umfrage in Deutschland zu Erfahrungen mit Tarot-Karten-Legen und Wahrsagen 2012. Haben Sie schon Erfahrungen mit Tarot-Karten-Legen oder Wahrsagen gemacht oder davon gehört? ALLBUS. Online verfügbar unter https://de.statista.com/statistik/daten/studie/274942/umfrage/erfahrungen-mit-tarot-karten-legen-wahrsagen/, zuletzt geprüft am 21.01.2018.

van Rijn, Bastiaan Benjamin (2017): THE MIND BEHIND THE CARDS. Searching for the Source of Tarot Divination's Popularity through a Cognitive Analysis. Master-Thesis. Leiden University. Faculty of Humanities – Theology and Religious Studies. Online verfügbar unter https://openaccess.leidenuniv.nl/handle/1887/51373.

Watzlawick, Paul (2009): Wie wirklich ist die Wirklichkeit? Wahn, Täuschung, Verstehen. 7. Aufl. ungekürzte Taschenbuchausg. München: Piper (Serie Piper, 4319).

Wikipedia: I Ging. Online verfügbar unter https://de.wikipedia.org/w/index.php?title=I_Ging&oldid=178803954, zuletzt geprüft am 07.07.18.

Wittenbecher, Iris (1999): Verstehen ohne zu verstehen. Soziologische Systemtheorie und Hermeneutik in vergleichender Differenz. Wiesbaden, s.l.: Deutscher Universitätsverlag (Zugänge zur Moderne). Online verfügbar unter http://dx.doi.org/10.1007/978-3-663-09107-3.

Ziegler, Gerd (1991): Tarot. Spiegel der Seele ; Handbuch zum Crowley-Tarot. 20. Aufl. Neuhausen: Urania-Verl.

Zimmer, Annegret (2005): Die niederländische Berufsordnung für Tarotberater. In: *Tarot Heute* (8), S. 25–27.

Anlagen

STATISTIKEN

Kartenlegen / Wahrsagen

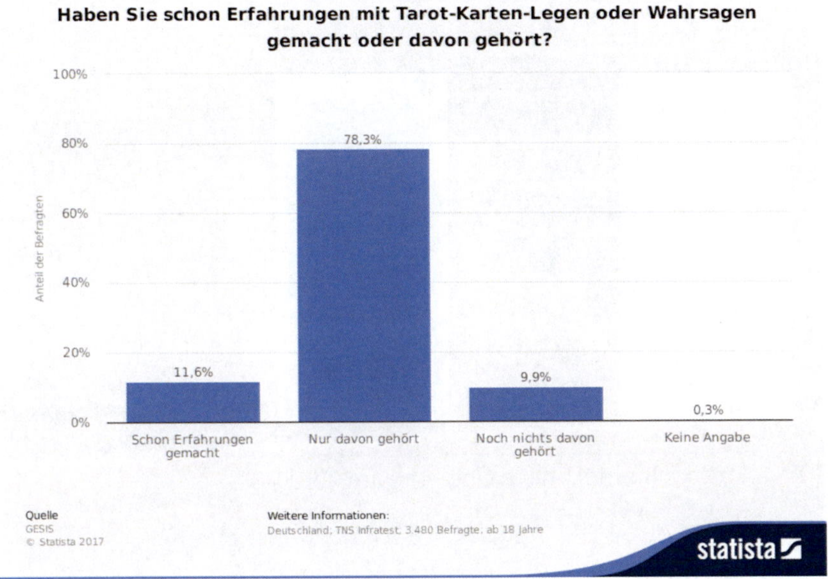

(TNS Infratest zitiert nach Statista.com 2013)

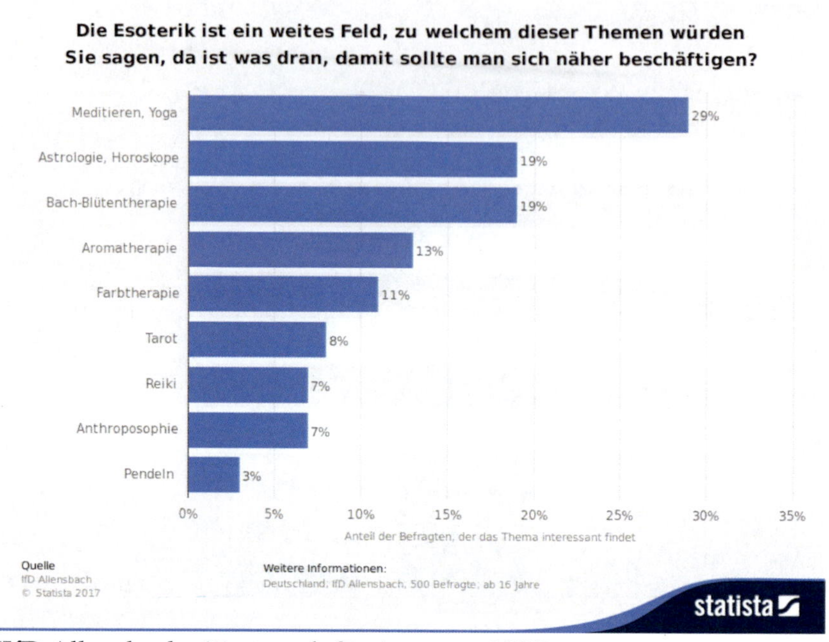

(IfD Allensbach zitiert nach Statista.com 2001)

Interviews

Mit Spezialistinnen durchgeführte Interviews erfolgten teils über die Zoom-Software, teils schriftlich über E-Mail. Mit Spezialistinnen durchgeführte Interviews sind von den entsprechenden Personen freigegeben worden und werden somit namentlich dargestellt. Diese Interviews werden in umfangreichen Auszügen dargestellt. Es werden jedoch einzelne Teile, z. B. Anmoderation und Füllwörter ausgelassen.

Die Interviews mit Nutzerinnen des Tarot wurden mit der Zoom-Software durchgeführt und aufgezeichnet. Anschließend wurden die Interviews transkribiert. Die Interviews der Nutzerinnen werden gekürzt bzw. in Auszügen dargestellt. Das bedeutet auch, dass Sätze, in denen nach Worten gesucht wurde, zusammengefasst wiedergegeben werden. Weiterhin werden Füllwörter ausgelassen, ebenso wie abschweifende Passagen, sehr persönliche Passagen, Passagen die Rückschlüsse auf Personen ermöglichen könnten oder ähnliches.

Interviews wurden sowohl mit Frauen als auch mit Männern durchgeführt. Dabei ist der Anteil der Frauen höher. Angefragt wurden Männer und Frauen gleichermaßen, jedoch waren die Männer deutlich zurückhaltender und nahmen großen Teils nach Zusage doch nicht an den Interviews teil.

Das Interviewmaterial ist anonym und unterliegt dem Datenschutz.

Gerd Bodhi Ziegler

Gerd Bodhi Ziegler ist ein Autor und Berater. Er befasst sich mit Tarot in vielschichtiger Weise, so auch über verschiedene Bücher der Deutung und Anwendung. Zudem bietet er Ausbildungen für Tarot-Beraterinnen an.

Wegen eines technischen Problems konnte die Aufzeichnung des Interviews nicht gespeichert werden. Daher wurde ein Gedächtnisprotokoll erstellt, Herrn Ziegler zugesandt und von ihm freigegeben:

Zusammenfassendes Gedächtnis-Protokoll zum Interview mit Gerd Bodhi Ziegler

Das Tarot ist ein Werkzeug, das dem Menschen seine innere Wahrheit spiegelt. Das innere/höhere Wesen geht in Resonanz mit den Karten und mit den Bildern. Ist der Mensch auf der Suche nach sich selbst und möchte sich, sein Wesen, seinen Weg erkennen (oder sich Selbst reflektieren/entwickeln), so ist er bereit für die Nutzung eines Werkzeuges wie Tarot. Ist er nicht dazu bereit, beziehungsweise nicht auf dieser Suche, so geht er nicht in Resonanz. Das bedeute, dass Tarot für einen Menschen nur relevant wird, wenn es seinem Selbst, seinem Weg und seiner Entwicklung entspricht – wenn es zu ihm passt.

Wir erschaffen unsere Realität selbst. Das Prinzip „Wie innen, so außen" greift im gesamten menschlichen Sein und schafft Resonanzen. Somit ist alles was uns im Außen begegnet eine Resonanz unseres Inneren. Sowohl die Dinge und Erlebnisse, die wir als schön bewerten, als auch jene die wir gegenteilig bewerten. Auch mit unserer Reaktion auf Ereignisse schaffen wir Resonanz und verändern/gestalten unsere Realität.

In der Betrachtung seiner Selbst kann der Mensch auch über das Werkzeug Tarot mit unangenehmen Dingen konfrontiert werden. Hier ist die Reaktion wesentlich. Spürt der Mensch einen Widerstand gegen die Antwort, oder lehnt sie ab, so wird er vllt. nicht hinsehen, oder sich dagegen wehren. Es lohnt sich an dieser Stelle hinzusehen und zu erforschen, was die Reaktion in einem auslöst. Werden z. B. Ängste berührt? Eine Angst zu betrachten ist lohnend, denn Angst ist immer eine Illusion (die ich selbst kreiere?). Eine Täuschung, die durch das Betrachten, Reflektieren und Annehmen gelöst werden kann.

Kommt man beispielsweise in eine starke Abwehrreaktion, so gestaltet man auch dadurch seine Realität. Je stärker die Reaktion, desto stärker die Wirkung der Reaktion in unserer Realität. Es ist unsere eigene Wahrnehmung und unser eigener innerer Prozess, der dies steuert. Unsere Aufmerksamkeit verstärkt/erschafft den Aspekt, der für uns zur Realität wird. Die Erscheinung „im Spiegel" bleibt also von unserer Reaktion nicht unberührt, sondern wird von ihr befeuert und gestaltet. Der Spiegel jedoch, bleibt unberührt und steht für sich. Es ist also, in diesem Zusammenhang nicht die Karte an sich, die eine Wirkung in der Situation des Fragenden zeigt, sondern vielmehr der Teilaspekt der Karte, der mit dem Fragenden in Resonanz geht und die so angesprochene Wahrnehmung und entstehende Interpretation des Fragenden. Der Fragende bleibt in der eigenen Wahrheit verwurzelt.

Die Karte steht als Symbol für sich. Dabei beziehen sich die Symbole der Karten auf verschiedene, überlieferte Weisheitsschulen (z. B. Ägypten, Kabbala, heiliger Geometrie u. a.). Diese Symbolik ist die Sprache der Seele. Eine professionelle Deutung der Symbole ist hilfreich, jedoch nicht zwingend notwendig. Auch das zu Rate ziehen von anleitender Literatur ist eine hilfreiche Möglichkeit, die zu nutzen den Fragenden freisteht. Unsere innere Weisheit (Führung, Unterbewusstsein, Seele) geht ganz von selbst in Resonanz mit den Karten. Wir können spüren und wahrnehmen, was die Symbolik in uns auslöst und diesen Reaktionen im Prozess der Selbsterkenntnis, oder Selbstreflektion folgen. Somit ist Tarot ein hilfreiches Mittel in diversen Phasen unseres Bewusstseinsprozesses.

Ein Tarot-Beratender trägt unterdessen die Verantwortung seine Rolle als Prozessbegleiter zu wahren. Er ist eng vertraut mit der Symbolik der Karten und kann den Beratenen bei der Interpretation auf seine Fragestellung begleiten. Dabei ist es wesentlich dem Fragenden, in allen Facetten seines Mensch-Seins, wertschätzend gegenüber zu stehen. Der Respekt und die Wertschätzung sind besonders vor dem Hintergrund wichtig, dass das „Mensch-Sein" für uns alle herausfordernd ist. Unabhängig von unserer derzeitigen Lebenssituation, unserem Werdegang und Rahmenbedingungen, wie gesellschaftlicher Stellung, Herkunft oder Glaubenssätzen birgt unser Dasein als Mensch für jeden große Herausforderungen und schwer erscheinende Aufgaben. Ein jeder bewältigt diese im Rahmen seiner Möglichkeiten hervorragend. Daher verdient ein jeder unseren vollen Respekt und unsere volle Wertschätzung. Dabei ist z.B. die Entscheidung sich mit dem eigenen Selbst, oder herausfordernden Situationen auseinander zu setzten und dabei evtl. Unterstützung in Anspruch zu nehmen bereits ein Schritt, der ein gewisses Maß an Erkenntnis, Willen, Mut und Kraft fordert.

Wie, z. B. in der systemischen Beratung, sind in der Tarot-Beratung also Wertschätzung und Freiwilligkeit / Freiheit und das Begleiten des eigenen Prozesses eines Ratsuchenden grundlegend für eine hilfreiche Beratung.

In den Berater Seminaren von Bodhi werden angehende Beratende nicht nur auf die Symbolik der Karten und die Tiefe Ihrer Deutung geschult. Vielmehr werden sie intensiv darauf geschult offen, empathisch und wertschätzend zu handeln. Dabei erfahren und erüben Sie die Methode mit sich selbst und anderen. Über die Selbsterfahrung und Übung entsteht ein grundlegendes Verständnis und die Fähigkeit sich einzufühlen wird verstärkt. Es scheint wesentlich zu sein, dass hier gelernt werden kann, sich auf das Gegenüber einzustellen, auf dessen Realität und Bedürfnisse. Nur in dieser liebevoll forschenden Hinwendung kann der Beratende sich dergestalt mit dem Beratenem verbinden, dass eine tiefgreifende, dem Beratendem entsprechende Begleitung erwächst.

Tarot ist ein Werkzeug, das sich mit jeder anderen wertschätzenden und freiwilligen Beratungs- oder Unterstützungsart verbinden lässt. Es dient in diesen Zusammenhängen dem Selbst in vielen Facetten. Welche passend ist, wählt die innere Weisheit.

Wie in allen Sparten von (professionellen, beruflichen) Unterstützern gibt es diverse Anbieter, die auf unterschiedliche Arten arbeiten. Der Ratsuchende sollte auch in diesem Zusammenhang auf seine Intuition hören. Liegt z. B. eine Skepsis oder gar ein Misstrauen vor, so ist die Beratungsperson vermutlich nicht die passende für diesen Ratsuchenden oder ggf. ist das Werkzeug des Tarots für diesen Ratsuchenden nicht die richtige Methode. Skepsis ist also etwas Gutes, das uns auf unsere innere Weisheit aufmerksam machen möchte. Im Zuge der eigenen Wirklichkeit und der Resonanz, sollte ein jeder auf seine Intuition hören.

Tarot ist ein Weg, im Prozess der Selbsterkenntnis und des Bewusstwerdens in die Tiefe zu gehen, sich mit seinem Selbst in Verbindung zu setzen und eine tiefgreifende transformatorische Arbeit für und mit sich selbst zu vollziehen.

Parallel kann Tarot auch auf eine oberflächliche Art genutzt werden. So gibt es einen guten Teil von Menschen, die Tarot für einfache Weissagungen nutzen, z. B. um etwas über die Zukunft zu erfahren. Weissagung und Zukunftsdeutung sind nicht als transformatorische Prozesse und selbstreflexive Arbeit zu betrachten. Diese Art der Nutzung ist eher seicht und scheint bei näherer Betrachtung wenig Substanz zu haben. Aus Erfahrungswerten zeigt sich eher, dass die oberflächliche Nutzung oft kaum verwertbare oder nützliche Antworten bringt. Man könnte fast sagen, das Tarot spielt verrückt oder gibt unsinnige Antworten. Der Grund ist hier in der fehlenden Verbindung zu der inneren Weisheit und der mangelnden Ernsthaftigkeit in der Hinwendung an sich selbst und seine Fragen, oder Bewusstseins-

/Entwicklungsprozesse zu finden. Diese sind somit Grundvoraussetzung für einen gelingenden Prozess mit Tarot.

Die 78 Tarot Karten sind aufgeteilt in große und kleine Arkana. Die großen Arkana symbolisieren Archetypen von Seelenprozessen. Jede Karte steht für eine Entwicklung, die jeder Mensch in seinem inneren, also mit seiner Seele durchläuft. Dabei durchlaufen wir diese Entwicklungsprozesse auf verschiedenen Ebenen immer wieder, hier können z. B. neue Aspekte eines Archetypen erfahren und entwickelt werden, oder Aspekte vertieft werden. Legt man die großen Arkana, z. B. in einem Kreis aus, so zeichnet sich also ein Seelenweg ab, den wir alle in Kreisen, bzw. spiralförmig durchlaufen. Erscheinen in einer Tarot-Legung große Arkana weist dies, gemäß der Symbolik, auf tiefgreifende seelische Prozesse hin. Die kleinen Arkana teilen sich in Hofkarten und Zahlenkarten auf. Die Hofkarten spiegeln in der Symbolik des Tarots schwerpunktmäßig Beziehungen, beziehungsweise Beziehungsprozesse wider. Die Zahlenkarten beziehen sich eher auf pragmatisch handfeste Lebenssituationen oder Handlungen. In Folge dieser Aufteilung und Symbolik kann also gesagt werden, dass das Tarot alle Daseinsbereiche abdeckt und reflektieren kann.

Bei der Anwendung des Tarots könnten so genannte Legesysteme genutzt werden. Diese sind oft sehr umfangreichen und zeichnen einen Weg oder eine Entwicklung ab. Sie reflektieren eine Situation aus verschiedenen Blickwinkeln. Dies ist eine gute Variante, um sie zu besonderen Gelegenheiten zu nutzen, wie z. B. Neujahr, Hochzeitstage, Geburtstage oder Ähnliches. In den meisten Fällen empfiehlt es sich eine einfache Legung mit ein bis drei Karten zu nutzen. Auf diese Weise bleiben Fragende und Beratende mit dem Fokus einerseits bei einem klar umrissenen Thema. Andererseits kann auf diese Weise tatsächlich in die Tiefe gegangen werden. So kann die Antwort auch tief aufgenommen und emotional bewegt werden. Das entspricht dem Ziel von Tarot: einer tiefgreifenden Auseinandersetzung mit dem eigenen Entwicklungsweg und Wesen. (Kann man sagen, dass diese vertiefte Auseinandersetzung / Verbindung auch über eine Mediation mit und über die Karte sinnvoll erfolgen kann?)

Die Auswahl des Tarot-Decks an sich ist nicht ausschlaggebend. Das Prinzip der Resonanz ist stets wirksam. Es gibt verschiedene Decks, die auf derselben Ebene wirksam sind. Sie unterscheiden sich in Darstellung und Symbolik, so verwendet beispielsweise das Crowley Thoth Tarot eher in verschiedenen Traditionen überlieferte Symbole und das Rider-Waite-Tarot eher zeitgenössische Symbole.

Um den Kreis zu schließen: Im Zusammenhang des Tarots kann, aus wissenschaftlicher Sicht, von einer sogenannten wirksamen „Nicht-Zufalls-Konstruktion" ausgegangen werden. Das bedeutet, die Auswahl der Karten ist eben nicht zufällig, sondern basiert auf dem Gesetz der Resonanz und wird dementsprechend durch unsere innere Führung, ganz entsprechend unserer aktuellen Entwicklung und Frage, getroffen. Das kann anhand von Erfahrungswerten – z. B. das wiederholte Ziehen einer Karte zu einer Fragestellung – bekräftigt werden.

Lilo Schwarz

Lilo Schwarz ist Organisations- und Arbeitspsychologin. Ihre Tätigkeit erstreckt sich auf Führungstraining, Coaching (Team- u. Organisationsentwicklung, Konflikt- u. Ressourcenmanagement). Sie arbeitet sowohl systemisch als auch mit Tarot und verbindet beides miteinander. Sie bietet außerdem Ausbildungen für Tarot-Beraterinnen an.

Auszug Interview

MSG: Wie bist du darauf gekommen Tarot und systemische Arbeit zu kombinieren? Ich habe gesehen, dass du das machst und finde das sehr spannend.

LS: Ich arbeite mit Tarot seit mehr als 20 Jahren. Ich bin Diplom-Psychologin; Habe das in Zürich in der Schweiz studiert und habe abgeschlossen als Organisations- und Arbeitspsychologin.

Für meine Tarot-Arbeit, also als Autorin, habe ich mich natürlich schon länger damit befasst und die Systemtheorie ist für mich lebendig, weil es vor allem die Dynamik ermöglicht. Es geht weg von Ursachen, Ursachenforschung, Schuldzuweisungen und Gründe suchen. Die Systemtheorie sucht „Welche Dynamik löst was aus?“, „Bei wem und wann und wie?“ und „Bei wem nicht wann und wie?“. Die Systemtheorie eröffnet uns eine Vielfalt an Möglichkeiten, wie Menschen in ihrer inneren psychischen Dynamik, aber auch in ihrer äußeren zwischenmenschlichen Dynamik leben.

Der wirkliche Ursprung weshalb für mich Tarot Systemtheorie ist: Weil es meiner Meinung nach weg gehen soll von diesen gut-böse, schön-hässlich, Ursache-Gründe Schuldzuweisungen. Weg von dem „Warum ist das so?“ und „Deshalb ist das so!“. Das sind für mich eigentlich nur Einordnungsmöglichkeiten. Viele Menschen brauchen das, um etwas einordnen zu können oder etwas ablegen zu können. Damit wir das *ad acta* legen können. Aber das ist nicht das Lebendige und das ist nicht das Entwickelnde. Tarot ist farbig, nicht schwarzweiß. Tarot sagt nicht was richtig ist und was falsch ist, sondern gibt Anstöße wie eine Dynamik sich eventuell aufbaut, aufgebaut hat oder aufbauen könnte. Deshalb ist es für mich genau das Gleiche. Ich habe zwei verschiedene Ausbildungen gemacht in den Organisationsaufstellungen. Ich arbeite auch mit der Aufstellungsarbeit. Das ist eine klassisch systemische Arbeit, in der man wirklich die Dynamik die innere und die äußere mit einander verbindet und erspürt was für Signale einem in gewissen Fragen weiterbringen. Tarot sind 78 Karten die irgendwo liegen können, also wenn das nicht dynamisch genug ist was dann?!

Ich habe dann einfach sehr schnell angefangen, die starren Muster der Auslegungen zu knacken, weil mir das dann wieder nicht systemisch genug war.

Sondern: Es gibt Karten und eigentlich genau die eine Aufstellungsarbeit. Es gibt so eine Ordnung, mit der man beginnt, aber dann gibt es freie Plätze und Dynamiken wo nur die Klienten selber wissen. Ihr „Bauch-Wissen“, also implizites Wissen, nicht explizit. Im impliziten Wissen können die Klienten genau die Karten in ein Muster, oder in ein Gesamtbild legen die für sie stimmen. Es ist unwichtig weshalb es stimmt. Es stimmt einfach. Dann gibt es Informationen und Signale. Das ist für mich ganz klar: eine jede Tarot Auslegung ist eigentlich eine Aufstellungsarbeit! Somit habe ich begonnen mit den

Karten am Boden zu arbeiten. Ich lasse meine Klienten die Karten auf dem Boden ausbreiten oder auslegen und lasse sie da selber hinein stehen.

MSG: Quasi wie ein Stellvertreter?

LS: Ja! Der Stellvertreter ist zum Beispiel die die Karte. Sie steht für etwas und gibt als Stellvertretung ein Bild. Und ich kann dann testen, wie das für mich ist. Ich arbeite ohnehin in meinen Aufstellungsarbeiten sehr, sehr wenig mit Stellvertretern. Ich finde es unterdessen … Es ist für mich schon alt. Es ist kalter Kaffee. Ich finde wir Menschen sind durchaus fähig selber unsere Facetten des Mensch-Seins zu repräsentieren. Und nur wenn ich wirklich das Gefühl habe: da braucht es die Außensicht, lasse ich eine Stellvertretung aufstellen. Aber sonst brauche ich niemand anderen der möglicherweise auch noch seine eigenen Dynamiken und Gedanken und Spiele hineinbringt. Das möchte ich – ehrlich – gar nicht.

MSG: Die Karte symbolisiert dann etwas was in dem Klienten ist und über die Karte kann er sich damit verbinden und das erkennen?

LS: Ja. Wenn ich mit einem Klienten arbeite, ob mit oder ohne Tarot, für mich ist es eigentlich das Gleiche ist ja einfach ein anderes Instrument.

MSG: Zieht der Klient die Karten verdeckt bei dir, oder sucht er sich das nach den Bildern aus?

LS: Unterschiedlich. Für mich ist ganz klar beides sehr gut. Ich finde es sogar oft besser die Karten offen auszusuchen. Dann steuere ich sehr viel mehr mit an meinen Geschichten und an meinem Sein, als wenn ich einfach so blind ziehe und den Zufall spielen lasse. Also: Will ich, dass der Zufall mich steuert oder steuere ich mich selber? Das ist eigentlich die Frage. Doch es gibt sehr wohl Karten, die ich blind ziehen lasse, weil da ein Impuls von außen kommen soll. Ein Impuls, den ich nicht selber reinbringen will, kann, darf, muss, was auch immer. Aber in der Regel arbeite ich sehr oft mit den offenen Karten. Ob Tarot oder nicht, du kannst auch Ansichtskarten verwenden. Statt Tarot geht's halt einfach ein System ein Modell. Tarot ist ja neben dem, dass es ein Instrument ist, zur Arbeit, Reflexion und Beratung ist es auch ein Lebensmodell.

MSG: Was meinst du mit Lebens Modell?

LS: Die Karten symbolisieren etwas. Da gibt es das das Alphabet der vier Elemente der kleinen Arkana. Das ist ja ein Modell. Die großen Arkana mit dem Individuationsweg des Menschen, das ist auch ein Modell. Also wir schauen uns an diesem Modell etwas ab. Modelle sind immer rudimentär nicht so lebendig wie unsere eigenen Möglichkeiten. Es ist genauso, wie wenn ich auf einen Berg gehe und eine Wanderkarte anschaue, dann ist es ein Modell, für das was ich nachher mache nämlich das Leben.

MSG: Ja.

LS: Also die Tarot Karten bieten mir Modell und Instrument für das was ich nachher leben will oder nicht will also kann man ja auch „nein" sagen das finde ich legitim.

MSG: Das finde ich spannend. Ich habe ein Interview mit dir gelesen, da geht es auch darum, statt Entscheidung zu machen eine Wahl zu treffen, wenn man sich mit Dingen auseinandersetzt.

LS: Ja, genau. Ja. Denn: Es ist nicht immer Entscheidungszeit, auch wenn die Menschen das möchten und meinen es sei. Wenn die Entscheidungszeit nicht ist, wenn mich nichts drängt etwas zu entscheiden, dann muss ich mir zunächst erstmal eine Wahl verschaffen. Das kommt vielleicht aus der Küche des NLP … Eine Möglichkeit zu haben reicht nicht. Ich brauche Wahlmöglichkeiten damit ich wirklich wählen kann und nicht nur entscheiden muss. Wirklich mit diesen Worten! Und das unterschätzt man, das man zuerst überhaupt eine Wahl sich erarbeiten muss. Es gibt viele Menschen, die können das nicht die haben wirklich keine Wahl und die müssen entscheiden oder für die wird entschieden. Das passiert uns auch immer wieder. Das ist auch nicht zu verwechseln. Das wäre naiv zu meinen man muss immer eine Wahl haben. Da wird's sehr individuell mit der Beratungsarbeit: Was ist angesagt bei diesen Klienten?

MSG: Wie schaffe ich mir mit den Karten eine Wahl? Wie machst du, das also wählt man sich Karten aus die was symbolisieren?

LS: Da gibt's verschiedene Techniken und Möglichkeiten. Wichtig ist einfach: was machen die Bilder. Die sind ja nicht eindeutig, sondern mehrdeutig. Die Tarot Karten sind mehrdeutig und das hilft ja schon das ich meinen eingeengten Horizont erweitern muss, oder kann. Indem ich natürlich einfach mal zwei Bilder hinlege „Ich könnte das. Ich könnte das. Ich könnte aber auch das." Das ist schon in einer Karte, die ist ja nicht eindeutig. Das ist ja auch die Kontraindikation von Tarot: Wenn Menschen in einer Krise oder in einer Sucht sind dann ist Tarot das absolut falsche Instrument, weil es Möglichkeiten generiert und die brauchen knallharte Eindeutigkeit. Das Anregende ist schon im System Tarot drin. Systemtheorie sagt ja auch, da gibt es eine Dynamik also, wenn du Aufstellungsarbeit machst, hast du tausend Möglichkeiten deinen Platz zu verändern oder zu suchen.

MSG: Das ist auch der Ansatz, mit dem ich daran gegangen bin. Ich habe jetzt bei dir raus gehört, dass die Tarotkarten eine Möglichkeit sind von vielen Möglichkeiten, die vielleicht für einen speziellen Klienten passen, um das System in Bewegung zu bringen, es irgendwie zu irritieren und einen neuen Blick zu bekommen.

LS: Ja genau. Es ist so dass, wenn du nur eine Technik anwendest und du dann mit allen Klienten damit arbeitest, die dann bevormundet würden. Du schaust, was braucht dein Klient. Und da gibt es verschiedene Möglichkeiten und Tarot ist eine legitime finde ich. Ich arbeite sehr gerne mit Tarot mit Klienten.

MSG: Nehmen die Klienten das an?

LS: Auch nicht immer. In der Regel, wenn ich jetzt meinen Alltag anschaue, dann arbeite häufiger ohne Tarot als mit. Das hat aber, damit zu tun, dass ich andere Instrumente habe und, dass ich als Arbeitspsychologie im knallharten Business tätig bin. Wenn ich nun mit einem Manager mit Tarot arbeite, dann muss er das wollen, sonst ich schlage es nicht mal vor. Es gibt vielleicht Situation, das sage ich „Ich hätte eine Idee. Ich möchte gerne mal dieses Muster brechen und möchte sie auf ein Instrument bringen, was sie nicht kennen und das sie verwirrt und ich möchte gerne, dass sie verwirrt sind für die nächste Frage." Wenn man jemanden einfach eben aus einer starren Position auslösen muss, aber das mache ich manchmal ohne Tarot indem ich sage „Stehen Sie bitte auf!" und dann mache ich einfach vorwärts. Ich erkläre in der Regel sehr wenig, weil wenn ich zu viel erkläre, dann denken die schon „Was macht, die da? Was soll das bringen?" Aber das braucht vielleicht etwas Erfahrung dazu, das zu spüren.

MSG: Das ist jetzt schon angeklungen, aber ich habe die Frage nach der Autonomie, weil ich die in der Masterarbeit die Frage bearbeiten will. Wo bleibt denn die Autonomie des Klienten in der Nutzung des Tarot? Wenn ich sag „Ich beschäftige mich jetzt mit dem Thema." bekomme ich Reaktionen wie „Das ist ja Weissagung." oder „Da sagt man ja dem Klienten irgendwas und beeinflusst den und der ist überhaupt nicht autonom."

LS: Ich behaupte, dass es unwichtig ist, ob jemand mit Tarot arbeitet oder mit einer anderen Methode. Der Übergriff ist überall möglich! Im Gegenteil: Ich denke sogar die Karte, die liegt ja auf dem Tisch. Wenn ich nun als Beraterin meine zu wissen was für meinen Klienten gut ist, dann werde ich ihm das um die Ohren hauen, ob mit oder ohne Karte. Mit der Karte hat er vielleicht noch die ganz kleine Chance selber etwas zu sehen. Das ist der Unterschied von hundert Jahren, da waren die Karten der kleinen Arkana noch nicht bebildert. Das war quasi so wie Skat oder wie sagt ihr? Wir sagen Jassen in der Schweiz. Da hatten ja diese Klienten gar keine Chance ein Bild zu erkennen. Und für mich ist das einfach die Verantwortung und die Kompetenz liegt bei der Beratungsperson und nicht beim Tarot.

MSG: Also es ist die Verantwortung der Beratungsperson die Grenzen zu wahren und nicht übergriffig zu werden.

LS: Genau. Ich find, wenn Tarot als Beratungsinstrument richtig angewendet wird, dann liegt die Karte ja zwischen dir und mir auf dem Tisch und mein Dialog ist ja nicht du und ich, sondern du und deine Karte und ich fühle eigentlich die, die ich moderiere dein Gespräch mit deiner Karte. Das wär eigentlich für mich die korrekte Beratungsarbeit. Ich mache ja auch eine Ausbildung zur Beratung mit Tarot, in der Schweiz. Da ist das natürlich auch auf diesem systemischen ganz klar aufgebaut und auf dem psychologischen. Und dann müssen meine Teilnehmenden ganz knallhart lernen sich zurückzuhalten mit ihren gutgemeinten Ratschlägen. Auch Ratschläge sind Schläge.

MSG: Ich glaub, das ist ein Kernelement, sich selber zurückzuhalten.

LS: Ganz genau. Du führst den Prozess und der Klient den Inhalt. Das ist die Zusammenarbeit. Klar biete ich auch mal inhaltlich etwas an. Dann wertfrei als Möglichkeiten, als Wahl. Also: Es könnte das sein, es könnte so sein, es könnt auch so sein – Was denkst du? Klingt das bei dir an? Da gibt's ganz viele verbale Möglichkeiten. Wer mit Tarot arbeitet, muss verbal sehr stark sein.

MSG: Wenn da jetzt eine Karte liegt. Das Angebot, das du vielleicht machst, stürzt sich das auf die überlieferte Deutung oder einfach auf die Symbolik was der Klient jetzt empfinden könnte oder gehst du mehr über die Archetypen oder irgendwie alles?

LS: Ich hab das ganze Lebensmodell von Tarot im Hinterkopf und dann arbeite ich ganz klassisch als systemische Beraterin. Das kann gut sein, wenn jemand stumm ist nicht viel sagt, dann mache ich vielleicht eine ganz langweilige Bildbeschreibung. Ich mach nichts anderes, als das ich erzähle was auf dem Bild ist und durch das bringe ich meinem Klienten in eine Sicht, wie er selber das Bild sieht und dann passiert enorm viel. Ich arbeite natürlich nicht einfach mit dem Bild, sondern mit dem Platz wo die Karte drauf ist, also es ist, ich sage in meinen Ausbildungen immer, das ist der Druckknopf. Der Platz. Das ist die Frage also die Karte soll mir zeigen wie ich mich in der nächsten Sitzung am besten verhalten soll, als Beispiel. Dann ist das der Platz. Auf diesem Platz kommt das Bild und sagt, so sollst du dich am besten verhalten in der nächsten Sitzung und die beiden die gehören zusammen wie ein Druckknopf. Ich kann die nicht auseinandernehmen und das ist die Schwierigkeit am Anfang beim beraten mit Tarot, dass man sich da treu bliebt und nicht einfach anfängt über die Karte zu schwafeln, sondern die Karte, die liegt als Antwort auf diesen Auftrag. Der Platz ist der Auftrag und die Karte ist die Erfüllung des Auftrags und das gemeinsam ist nun zu deuten und nicht die Karte allein. Die Karte muss in einer anderen Auslegung wieder andere Möglichkeiten haben, deshalb ist das das wichtigste. Das zu üben ist ziemlich anspruchsvoll. Da kommt ein anderer Druckknopf, wenn ich da nur fünf Karten habe auf dem Feld. Ich arbeite lieber mit wenige statt mit mehr. Dann gibt man sie auch diese systemische Dynamik von einem zum anderen, das wirkt ja alles aufeinander. Und dann wird's spannend!

MSG: Das hört sich total spannend an.

LS Ja. Sehr. Und was heißt das?

MSG: Ich habe schon öfter darüber nachgedacht, wie es ist, das in einer Aufstellung zu benutzen. Wenn ich jetzt höre, dass du das schon lange so machst, dann finde ich das sehr interessant, weil ich mir versuche vorzustellen wie das dann wirkt. Wenn ich jetzt frage „Wie soll ich mich in der nächsten Sitzung verhalten?" und dann kommt da vielleicht der Turm, dann muss ich da wirklich in die Überlegung gehen, was das jetzt konkret bedeutet, wenn ich mich verhalte wie der Turm.

LS: Genau und das ist ja dann auch die Chance, denn dank diesem Druckknopf fällt die Karte, egal was für eine es ist, aus dem Raum von Gut und Böse. Und deshalb ist nun einfach der Turm, die Antwort. Ich soll mich so verhalten. Also vielleicht soll ich nicht achten auf diese betonfesten Argumente, die vielleicht mich selber oder alle anderen zu einer Erstarrung bringen. Vielleicht soll ich mich dann wirklich wie der Turm verhalten und einfach mal den Mut haben rein zu preschen. Zu sagen: „So Stopp! jetzt stehen wir hier also stur. Das kann's ja nicht sein." Vielleicht ist es genau dieses Verhalten, das der Turm mir ermöglicht, wo ich mich vielleicht sonst zurückhalte und in mir nur denke „Ach die sind ja wieder stur wie Wahnsinn. Und scheißen mich an. So wir bringen ja gar nichts auf die Reihe." und, dass ich dann, statt nonverbal mitzumachen, mit dieser Sturheit wirklich den Turm zur Hilfe nehme und sage: „So stopp! Also so kann's nicht weiter gehen! Alle aufstehen frische Luft neu denken." Das ist genau diese Chance, wenn das zusammenfällt, dass es aus dem Muster von richtig/falsch fällt. Oder auch die bösen Karten die dunklen und so also, wenn ich den Turm deuten muss, so muss ich mich verhalten, dann muss ich mich so verhalten. Punkt was es genau heißt, das sind ja dann immer noch tausend Möglichkeiten ich hab jetzt nur eine gesagt. Übergeordnet sind ja alle Karten oder überhaupt alle Symbole. Nicht nur Tarot. Übergeordnet haben wir eine übergeordnete Deutung. In meinem Buch macht es uns das klar und deutlich. Die übergeordnete Bedeutung, die allgemeine Bedeutung, du kannst die Sonne nicht in den Nachthimmel stellen das ist einfach gesetzt das ist Regel. Das stimmt, das ist richtig und da gibt's auch ein falsch. Aber individuell, da arbeite ich mit Fragen, weil ich ja niemanden individuelle reinreden darf.

MSG: Du fragst. Das ist systemisch. Eigentlich DIE systemische Technik. Fragen, anstatt irgendwas zu sagen.

LS: Genau Fragen fragen. Frag so gute Fragen, dass dem Klienten Kronleuchter angehen, aufgehen!

MSG: Und dann kommt der Klient auch in die in die Selbstverantwortung.

LS: Ja. Und du wirst ja auch gerne gefragt. Also ganz schlicht: Wenn man dich auslässt und einfach über dich bestimmt wie geht's dir dann?

MSG: Dann geht's einem schlecht.

LS: Das sind die die ganz einfachen Lebensmuster die ganz simplen, banalen. Das was ich jetzt gesagt habe das sind eigentlich die wichtigsten.

MSG: Grade in Bezug auf Tarot wird oft kritisch beäugt, dass der Klient Verantwortung abgibt. Wenn der Klient die Verantwortung abgeben will und sagt „Die soll mir da jetzt was zu sagen". Siehst du die auch und wie würdest du damit umgehen?"

LS: Hm. Ich erlebe diese Shows am Fernsehen, zum Beispiel wo mit Tarotkarten oder mit irgendwelchen Karten weißgesagt wird. Das empfinde ich als etwas vom langweiligsten, was ich überhaupt kenne. Da bekommen die Klienten weniger als bei uns, wenn wir sie selber denken lassen. Es stimmt ja auch nicht, was die sagen. Das ich ja völlig aus der Luft gegriffen. Die nehmen vielleicht schon etwas aus den Karten, aber es bringt einem ja nicht weiter, wenn man es selbst nicht hinkriegt. Es gibt viele Menschen, ich gehöre auch dazu, du vermutlich auch, die wünschen sich immer wieder das ein guter stimmiger Rat von außen kommt. Wenn ich mich in einer Schleife von Schwierigkeiten, von Fragen, die ich nicht beantworten kann, von Problemwälzen befinde, dann sehne ich mich natürlicherweise danach, dass ich von außen eine Hilfestellung bekomme. Aber diese Hilfestellung, die müsste dann natürlich genauso sein wie ich sie will oder wie ich sie brauchen kann und deshalb funktioniert es nicht. Deshalb funktioniert es einfacher, wenn ich dafür sorge, dass du diese Hilfestellung selber findest. Wenn Menschen zu mir kommen die sagen „Sagen sie mir jetzt was ich tun soll!“, dann sage ich: „So einfach ist die Geschichte nicht. Ich weiß schon was ich tun müsste, aber sie müssen wissen was sie tun müssen. Lassen sie uns daran arbeiten. Wollen sie daran arbeiten, dass sie selber diesen Weg gehen?“ „Es bringt ihnen nichts, wenn ich etwas sage. Es bringt gar nichts.“ Die meisten Menschen, die sind froh. Ich frag gar nicht mehr lang, wenn jemand es sagt „Ja sagen sie mir jetzt was bedeutet das“, dann überhöre ich diese Frage und arbeite einfach so weiter wie ich arbeite. Ich nehme sehr schnell wahr, ist es ein Hilferuf, oder ist es einfach ein bisschen Bequemlichkeit, oder ist es einfach Neugierde. Ich nehme sehr schnell die Zwischentöne wahr. Wie mein Klient oder meine Klientin diese Frage an mich stellen oder diese bitte äußern je, nachdem reagiere ich dann.

MSG: Glaubst du, dass es davon abhängig ist, ob jemand daran glaubt, dass das aus ihm selber kommt oder, dass zufällig diese Karte ausgewählt oder gezogen wurde? Glaubst du, das spielt eine Rolle.

LS: Ja, mit dem befassen sich die Menschen schon. Ich gebe immer zwei Antworten. Ich die eine ist etwas akademisch und die andere ist etwas esoterisch. Die akademische Antwort ist: Es sind achtundsiebzig Karten, es könnte jede kommen und ich hätte zu jeder eine

Assoziation. Punkt. Ganz einfach. Die esoterische ist: Die ist mir halt jetzt zugefallen okay dann schaue ich sie an. Auch etwas banal. Ich liebe die Banalität, weil in ihr ist viel mehr Grundlage – Boden. Ich bin eigentlich – ja, was bin ich? Ich bin bodenständig. Ich glaube nicht an das große Nirvana, das mir jetzt diese Karte, das Leben verändert, sondern ich will einfach mich auseinander setzten mit einem Thema. Ich reflektiere mit den Karten. Ich will mehr wissen. Ich brauche einen Anreiz, um darüber nachzudenken, wie ich was, wann, mit wem machen werde. Oder auch mich neu kennen lernen will und dann kann meiner Ansicht nach jede Karte kommen. Und ich habe etwas dazu. Eigentlich müsstest du, damit du das Lebensmodell Tarot wirklich gebrauchst, müsstest du ja alle 78 Karten auslegen, weil das bist du – vom Modell her. Deshalb machen wir nur Ausschnitte. Dann schaue ich halt heute, diesen Ausschnitt an. Das ist ja dieses System Dynamik, oder? Die da spielt.

MSG: Ich nehme mir jetzt diesen Ausschnitt und gucke da mal. Und ein anderes Mal gucke ich jenen an.

LS: Ja. Ich erkläre Tarot extrem pragmatisch. Für mich kein Zaubermittel. Solides Instrument, das genügend Farbigkeit hat unseren Geist so zu verwirren, dass wir hoffentlich in neuen Farben denken können.

MSG: Was ist die Voraussetzung für eine dienliche Nutzung, also was muss gegeben sein, damit man sagen kann das ist jetzt ein gutes anliegen oder ein guter Klient, eine gute Situation, um das Tarot zu nutzen?

LS: Immer dann, wenn eine Öffnung herbeigeführt werden soll. Also, wenn man sich verrennt in etwas, das andere nicht mehr sieht. Dann ist Tarot sehr gut, weil dann öffnet, es allein schon, dass ein Bild kommt, das keine klare Antwort gibt. Da muss man ja darüber nachdenken. Also immer dann, wenn eine Öffnung erwünscht ist, wenn man nicht weiterweiß, weil man zu eng denkt oder zu eng sieht.

MSG: Also, wenn man quasi in andere Perspektiven kommen muss.

LS: Für mich ist es einfach wirklich sehr, sehr gut zum Reflektieren. Für mich das absolut spannende Instrument für die Reflektion, denn ohne, dass ich zu einer Beratung gehen muss, gibt mir das so viel Anregung wie ich auch noch über etwas nachdenken kann. Das ist öffnet den Mind. Dann kommt es natürlich darauf an wie viel Geduld ich habe. Ich kann ja auch sagen „Scheiß Karte. Die ist falsch. Ich nehme eine andere.“

Maximilian Neff

Maximilian Neff ist der Großmeister der AMORC Rosenkreuzer im deutschsprachigen Raum. Über einen von ihm gehaltenen Vortrag zum Rosenkreuzer-Tarot entstand ein Kontakt, aus dem sich ein E-Mail-Interview ergab. Der Vortrag ist filmisch dokumentiert worden und kann auf der Webseite von Youtube angesehen werden. Die AMORC Rosenkreuzer bieten einen kostenfreien Online-Kurs zum Rosenkreuzer-Tarot an.

Auszug Interview

MSG: Lieber Herr Neff, Sie sind Großmeister der AMORC Rosenkreuzer. Vielleicht kurz einleitend: Was sind die Rosenkreuzer?

MN: Die Rosenkreuzer sind ein mystisch-philosophischer weltweit verbreiteter traditioneller Einweihungs-Orden mit dem Ziel, seinen Studierenden den Weg zu höherem und ganzheitlichem Bewusstsein zu weisen; sozusagen zum größeren Licht. AMORC, als der Alte und Mystische Orden vom Rosenkreuz steht als die authentische Nachfolgeorganisation der historischen Rosenkreuzer in der Tradition der ältesten spirituellen Überlieferung der Menschheit, vermittelt zeitlose Weisheit und weist so den Weg zu höheren Lebenserfahrungen. AMORC ist dabei weder politisch noch irgendwie konfessionell abhängig und erstrebt keinen materiellen Gewinn.

MSG: Auf Ihrer Webseite bieten Sie einen kostenlosen Schnupperkurs zum Tarot an. Zudem gibt es einen Link, zu einem Vortrag über Tarot. Was ist die Verbindung zwischen den Rosenkreuzern und dem Tarot?

MN: Wir bieten dort einige Schnupperkurse zu wichtigen Themen der spirituellen Lehren an, wozu in unserer Tradition auch der Tarot gehört. Die Rosenkreuzer hatten immer schon unter anderem auch den Tarot in ihrer Tradition. Doch unterscheiden wir sehr zwischen dem, was man landläufig darunter als Wahrsagesystem versteht. Er hatte im Ursprung eine noch umfassendere Bedeutung.

MSG: Was kann man in dem Online-Schnupper-Kurs zum Tarot lernen?

MN: Man lernt vor allem, dass in den 22 Karten des Tarot, die auch als die Großen Arkana bezeichnet werden, die Stufen des Menschen hin zu höherem Bewusstsein erfahren werden können, die sich auf drei Ebenen des menschlichen Bewusstseins kundtun. Jede dieser Stufen führt zu höheren Erfahrungen und bereitet schließlich auf die höchste aller Erfahrungen vor, die zur Meisterschaft des Lebens führen. Es ist dann vor allem eine Erfahrung mit der Höherwertigkeit des eigenen Wesens.

MSG: Wie nutzten die Rosenkreuzer den Tarot? Zu welchem Zweck beschäftigen Sie sich damit? Was ist das Ziel und der Kern der Auseinandersetzung mit Tarot?

MN: Grundlage der Erfahrungen des Tarot bzw. dieser Stufen darin ist die richtige Meditation. Sie kann gelernt werden. In Verbindung mit der Meditation, wie sie im AMORC gelehrt wird, führt jede dieser Karte zu hoher Erfahrung des eigenen Wesens; der noch verborgenen Fähigkeiten, die in uns schlummern und wie wir zur Erleuchtung gelangen können.

MSG: Was zeichnet den Rosenkreuzer Tarot aus? Was unterscheidet diesen Tarot, von den vielen, variantenreichen Angeboten anderer Tarotkarten?

MN: Vor allem zeichnet diesen Tarot aus, dass er den höheren Weg des Lebens aufweist. Den traditionellen Tarot, wie ihn die Rosenkreuzer bewahren zeichnet sich vor allem auch dadurch aus, dass er keinen Autor hat. Es ist die Überlieferung, die über die vielen Jahrhunderte in den Einweihungsschulen weiter getragen wurden bis in unsere Zeit. Wir können darin auch die Rosenkreuzer-Lehren über die Zusammenhänge von Mensch, geistiger Natur und jenem Göttlichen wiederfinden, wie sie AMORC als der authentische Nachfolge-Orden der Rosenkreuzer auch heute, modern und für alle Menschen weitergibt, die sich auf der Suche nach sich selbst und den höheren Werten des Lebens befinden.

MSG: Tarot scheint sich einer wieder wachsenden Popularität zu erfreuen. Allerdings gehören dazu auch viele Angebote, die sich mit Wahrsagerei befassen. Wie stehen die Rosenkreuzer zu der Nutzung von Tarot in diesem Zusammenhang?

MN: Wie vorhin schon angedeutet, war der Tarot im Ursprung kein Wahrsagesystem, wenngleich er auch dazu verlocken mag. Daher gibt es auch viele verschiedene Tarot-Bilder und Systeme; meist von Autoren entwickelt. In unserer überkommenen Tradition aber stellt er die höhere Lehre dar; wie sich die Stufen zur Veredelung von Geist und Bewusstsein des Menschen vollziehen.

MSG: Wie sehen Sie das Tarot in Bezug auf einen Beratungskontext, der sich nicht mit Wahrsagerei befasst?

MN: Es ist vor allem eine spirituelle Lehre. Die Bilder sind mystische Symbole, die das Innere des Menschen anregen und in der Meditation Erfahrungen freigeben können, die dem Menschen eine höhere Schau seines Wesens eröffnen können. Die Bilder aber sind nur ein Teil, denn man braucht dazu eine gute und seriöse begleitende Lehre, die hilft, diese Bilder auf der entsprechenden Bewusstseinsebene aufzunehmen, um nicht auf Irrwege zu geraten.

MSG: Mittlerweile gibt es einige Schriften, die sich dem Tarot über die Wissenschaft der Psychologie annähern. So z. B. "Quellen des Tarot" von Marion Gueko-Hollenstein, oder "Die Psychologie des Tarot" von Sallie Nichols. Diese Dissertationen befassen sich mit der Deutung der 22 großen Arkana und ziehen dabei u.a. geschichtliche und kulturelle Aspekte ein, sowie die Lehre der Archetypen von C. G. Jung. Aus Ihrer Sicht: Wie sind die Karten zu verstehen und zu deuten? Passen die genannten Ansätze auch in die rosenkreuzerische Sichtweise, oder gibt es da deutliche Unterschiede?

MN: Dies zeigt die Faszination, die von den Tarot-Bildern ausgehen, und die Forschungen darüber mögen recht interessant sein. Wenn Psychologie als eine Wissenschaft angesehen wird, und auf dieser Ebene der Tarot erarbeitet wird, wäre ich vorsichtig. Denn der Tarot ist weniger eine Wissenschaft; ähnlich wie zum Beispiel die Astrologie; vor allem die esoterische Astrologie und auch andere mystische Symbol-Modelle. Die richtige Deutung ist eine Kunst, die mit der eigenen Arbeit an sich selbst einhergehen muss. Ohne sie kann man eigentlich nur wenig darüber sagen. Die Mysterienschulen der Vergangenheit, mit denen AMORC in der Tradition verbunden ist, nannten dies die Arbeit am „Erkenne Dich Selbst". Ungeachtet können wir darin natürlich die Stufen des Werdens von menschlichem Geist und Bewusstsein erkennen. Wenn aber die überlieferte Lehre dazu fehlt, die für die persönlichen Erfahrungen notwendig ist, kann der hohe Sinn des Tarot nur schwer erreicht werden.

MSG: Dr. Nichols empfiehlt in ihrem Buch u. a., die Karten in schwarz-weiß zu nutzen und diese dann in der gründlichen Auseinandersetzung mit der Karte selbst auszumalen. Nach meinem Wissen ist das auch eine Möglichkeit in der rosenkreuzerischen Beschäftigung mit dem Tarot. Welchen Effekt bringt das in der Auseinandersetzung?

MN: Das hört sich sehr vernünftig an. Tatsächlich entspricht dies auch unserer Tradition. Man muss sich die Karten zu eigen machen, indem man sie selbst bemalt; sozusagen aus der eigenen Hand heraus, anstatt mit dem Computer. Dies wirkt für die innere Persönlichkeit sehr positiv verbindend. Daher sind auch für unsere Studierenden zur eigenen Arbeit damit nur Karten ohne Bemalung empfohlen.

MSG: Stellt Tarot aus Ihrer Sicht und Erfahrung einen Weg dar, sich mit der eigenen inneren Wirklichkeit auseinander zusetzten, bzw. denken Sie, dass Tarot eine Möglichkeit ist seine eigene Haltung, Entwicklung, Erfahrung selbst zu reflektieren? Und warum nehmen Sie das so wahr?

MN: Mit der eigenen sogenannten „Wirklichkeit“ ja. Doch spiegelt der Tarot mit seiner mystischen Symbolik die Stufen der höheren Wirklichkeit in sich selbst wider und wie man damit in Verbindung kommen kann. Die begleitende Lehre dazu ist auch deshalb wichtig, damit man nicht in Phantasien abgleitet, die sich gerade bei einem solchen System von Farben und Gesichtern schnell einstellen kann. Dann aber wäre es vielleicht nur ein gesellschaftliches Spiel, hat aber wenig mit dem wirklichen Anliegen des Tarot zu tun. Daher, dass es in uns Stufen unserer Entwicklung berührt und auch sogenannte „kosmische Grundmuster“, wie sie in uns aufbewahrt sind, berühren sie uns in unserem Inneren.

MSG: Wenn dem so ist: Welche Themen, oder welche Lebensbereiche eignen sich für eine Reflexion über Tarot?

MN: Die Bilder des Tarot in seiner Tradition wiederspiegeln stets das gegenwärtige Leben im Gesamten. Sie helfen uns, unseren eigentlichen Weg in diese Inkarnation aufzuzeigen und zeigen, wie sich die Ganzheitliche Entwicklung in allen seinen drei Ebenen in sieben Stufen vollzieht, sowie wie sich dies auf den drei Ebenen unseres Bewusstseins ausdrückt: auf der physisch-psychischen Ebene; auf der psychisch-mystischen Ebene und auf der spirituell-kosmischen Ebene.

MSG: Denken Sie, dass es notwendig ist, sich eingehend mit der Symbolik der Tarotkarten zu befassen, wenn man dieses Instrument für sich nutzen möchte?

MN: Es kann eine Lebensbegleitung sein, denn man wird mit der Deutung der entsprechenden Bilder nie zu Ende kommen. Man kann nicht sagen, dass man die Bedeutung des entsprechenden symbolischen Bildes nun gänzlich kenne. Denn wenn man mit diesen Bildern arbeitet, werden diese zu Spiegelbildern unserer eigenen Entwicklung, die ebenso nie zu Ende geht. Dies gilt für alle mystischen Symbole, die auch nicht von irgendwelchen Autoren ersonnen wurden, sondern seit alten Zeiten überliefert sind und dem Menschen Aspekte seines eigenen Wesens vermitteln; aus der höheren Ebene seines Seins aus; dort, wo der Mensch für alle Zeiten in seiner geistigen

Struktur zu Hause ist und womit der jene Höhen seines Wesens berührt, die über das rationale und sinnliche Dasein hinausgehen. Auch der Tarot ist ein Aspekt oder ein Pfad der in unserer Tradition „acht Pfade“ der Einweihungslehre, die sich in der Tradition in acht Pfaden darstellt. Sie stellen jeweils spezifisch die große Lehre für den Menschen dar, die, wenn er sie sich aneignet, die wichtige Basis für seine Höher-Entwicklung ist und darüber hinaus auch den Tarot erst umfassend verständlich macht.

MSG: Tarot wird an verschiedenen Stellen mit der Symbolik der Kabbala in Verbindung gebracht. Auch werden Überlieferungen aus Ägypten, oder anderen vergangenen Hochkulturen genannt, teilweise auch Verbindungen mit astrologischen Symbolen. Wie sehen Sie die Frage der Symbolik, der Herkunft der Symbolik bzw. der Überlieferung oder eben der Verknüpfung mit alten Kulturen und Symbolen?

MN: Es gibt diese Verbindungen. Auch die Rosenkreuzer haben eine Lehre über die Kabbala seit vielen Jahrhunderten. Doch ist es nicht möglich, einfach aus dem rationalen Geist heraus die Verbindungen mit diesen anderen symbolischen Modellen herzustellen. Um die Verbindungen zu erkennen, braucht es die Überlieferung und darüber hinaus zur eigenen Arbeit an sich selbst die rechte Meditation. Wenn man eine gewisse Reife an dieser bereichernden Arbeit erreicht hat, kann man die Verbindungen erkennen; auch zu anderen kulturellen Überlieferungen.

MSG: Sind Symbole, auch tief in der Mystik verankerte Symbole, eine generelle "Sprache" die über Kultur, Zeit, Sprache hinweg Gültigkeit hat?

MN: Hier berühren Sie etwas, das mir selbst sehr am Herzen liegt. Denn Symbole, und damit sind vor allem mystische Symbole gemeint, sind in der Tat eine eigene Sprache. Sie sind aber eine Sprache des Inneren und können nur über die besondere Verbindung mit seinem eigenen Inneren erfahren werden. Wir sprechend dabei von Mystischen Symbolen, wie sie in unserem höheren Inneren aufgezeichnet sind; von daher berühren sie uns besonders. Auch hier braucht es die rechte Meditation und die Arbeit an sich selbst. Dann beginnen diese Symbole mit uns zu sprechen und zeigen uns die besondere Verbundenheit in uns auf, die wir als das Höhere Selbst in uns bezeichnen, wo die Heimat dieser Symbole für unsere innere Persönlichkeit ist. Einer der Väter der Psychologie hatte eine besondere Verbindung dazu: Carl Gustav Jung. Seine Archetypenlehre geht von diesen Symbolen aus. Sie führen zu diesen Archetypen in uns Menschen. Hier sind wir alle gleich, ungeachtet, in welcher Kultur wir groß geworden sind. Wenn wir die spirituelle Symbolik der verschiedenen Kulturen entsprechend studieren, so können wir erkennen, dass sie alle aus derselben Quelle heraus entstanden sind, aber in den entsprechenden Kulturen meist Veränderungen aus der entsprechenden Kultur heraus, in denen sie eingebracht wurden, erfahren haben. Dies zu erkennen und die Verbindung zur ursprünglichen Symbolik wieder zu finden, bewirkt eine hohe Berührung mit dem eigenen „höheren Selbst.

MSG: Kann Tarot auch über eine unmittelbare Resonanz, oder Assoziation wirksam sein?

MN: Wichtigste Voraussetzung dafür ist die richtige Einstellung, die man entwickeln muss. Man muss lernen, tatsächliche innere höhere Wahrnehmungen von den eigenen Phantasien zu unterscheiden. Dies ist ganz wichtig. Daher braucht es die Reifung der Persönlichkeit durch eine solche Schule und deren Studiengrade, welche AMORC ist, um Wunschbilder und -denken in seinem Inneren von tatsächlichen Bildern in Verbindung zu diesen mystischen Symbolen unterscheiden zu lernen. Diese Erfahrungen, die man auf diesem Weg macht, wirken wie eine große Befreiung von Trugbildern, was stärkend und aufbauend wirkt.

MSG: Schätzen Sie eine Resonanz auf die Symbolik der Karten als zufällig, oder nicht zufällig ein? Mehr noch: Ist die Symbolik der Karten, die Entstehung, die Überlieferung etwas Zufälliges, oder etwas nicht Zufälliges?

MN: Das kommt darauf an, wie man Zufall definiert. Meist meint man damit, dass irgendetwas „aus heiterem Himmel“ auf uns zukommt. Tatsächlich verstehen wir aber darunter, dass einem etwas zufällt, das für uns eine besondere Bedeutung hat und uns etwas sagen will; da nichts auf uns zukommen würde, das nicht mit uns zu tun hätte. In der rosenkreuzerischen Tradition ist der Tarot und seine Bilder eine sehr hohe Lehre und gehört zu den Überlieferungen der Menschheit, die viele und hohe Wahrheiten über den Menschen im Einzelnen, wie auch für die Höher-Entwicklung der Menschheit im Allgemeinen viele gute und wichtige Antworten in sich trägt. Das ist es ja gerade, wenn wir sagen, dass man damit sorgfältig umgehen muss. Unsere Überlieferung lässt erkennen, dass die mystische Symbolik, die sich darin wiederspiegelt, Jahrtausende alt ist. Wie uns von dem Mystiker Ficino aus dem 15. Jahrhundert überliefert hat, hat schon Plato den Tarot gekannt und damit gearbeitet. Es heißt auch, dass die alten Ägypter in ihren Einweihungsschulen schon mit dieser Symbolik gearbeitet haben und sie so auch in der griechischen Antike Einzug gehalten haben. Natürlich sahen die Bilder anders aus als heute. Immer aber bedient sich der Tarot jenen Bildern, die in uns aufbewahrt sind, um uns damit etwas zu vermitteln, was mit jenen höheren Wahrheiten in uns Menschen in Verbindung steht, von der jede Höher-Entwicklung ausgeht.

MSG: Werden einem in der Auseinandersetzung mit Tarot vorhandene, aber unbewusste Dinge bewusst, oder erfährt man vollkommen neues? Ist es eventuell so, dass beide Aspekte stattfinden können?

MN: Es werden dadurch Dinge bewusst, die bereits in uns schlummern, aber den äußeren sinnlichen Aufnahmen noch unbewusst erscheinen. Da sie aus einer höheren Ebene seines Seins den Menschen berühren, scheinen sie uns oft neu zu sein. Tatsächlich aber machen sie uns lediglich etwas erfahrbar, das schon da ist; vielleicht nicht so sehr im wissenschaftlich psychologischen Sinne. Im mystischen Sinne jedoch allemal.

MSG: Bringt Tarot den Menschen in Kontakt mit sich selbst?

MN: Wenn er richtig angewandt wird, sicherlich. Hier ist die rechte Meditation eine wichtige Hilfe.

MSG: Abschließend: Worin liegt das Geschenk, dass Tarot uns offeriert? Gibt es eines?

MN: Das schönste Geschenk des traditionellen Tarot als Einweihungsweg kann zu einem unbeschreiblichen Geschenk werden, da er uns mit unserem Höheren Selbst in uns in Verbindung bringt. Es ist jenes Selbst, das in den meisten Menschen nur schlummert, aber in jedem vorhanden ist. Wenn der Mensch damit in Berührung kommt, sind dies höchst spirituelle Erfahrungen, die ihm aufzeigen, dass der Mensch weit mehr ist, als nur ein Wesen zwischen Konsum und Kommerz. Zwei wichtige „geistige Instrumente" kann er dabei einsetzen, die für Höherentwicklung ohnehin von großer Bedeutung sind: Intuition und Meditation. Dabei muss erlernen, die „Stimme der Intuition" von jener des niederen Egos, sowie von den Instinkten zu unterscheiden. Und er sollte sich in der Erfahrung der Meditation üben. Dann wird erlernen, Phantasie und Einbildung von wahren, inneren Bildern und Erfahrungen zu unterscheiden, wobei beides richtige angewandt zugleich kräftigend und geistig heilend wirken kann. Dies aber gilt nicht nur alleine für den Tarot, sondern für die mystischen Symbole allgemein, die in einer solchen alten Schule wie der Weisheitsschule des AMORC in großer Fülle vorhanden sind und bewahrt werden.

Thomas Körbel

Thomas Körbel ist Dr. der Theologie, Seelsorger, Karrierebegleiter, Gruppenmoderator und Dozent. Er promovierte über Tarot. Dr. Körbel nahm an einem E-Mail-Interview Teil.

Auszug Interview

MSG: Herr Körbel, Sie haben, wenn ich das jetzt so salopp abkürzen darf, über Tarot promoviert. In Ihrem Vorwort habe Ich gelesen, dass das Schaffen von gegenseitigem Verständnis ein Antrieb dafür war. Zu meinem Verständnis: Was bedeutet das?

TK: Es sollte um Brücken für einen Dialog zwischen Theologie und Esoterik gehen, darum, Unterscheidungskriterien zu finden, denn

Tarot ist nicht Tarot. Es ist nicht einfach nur ein Wahrsageinstrument oder gar ein Werk des Teufels, wie manche glauben. Es gibt sehr unterschiedliche Ansätze der Arbeit mit ihm: antike Mysterientraditionen, okkulte Forschung, Orakel, tiefenpsychologische und künstlerische Ansätze, pure Alltags- und Lebensberatung, Bildmeditation, um nur einige zu nennen. Und es gibt sehr unterschiedliche Weltanschauungen, in denen der Tarot steht. Einige der Praktiken und Weltanschauungen sind kompatibel mit dem christlichen Menschenbild, andere definitiv nicht.

MSG: In unserer voran gegangen Kommunikation sagten Sie, dass Ihnen zu einer systemischen Sicht auf Tarot spontan gar nichts einfällt. Das Anliegen meiner Arbeit ist es, grob definiert, die Art mit Tarot umzugehen, oder nicht umzugehen systemisch zu betrachten. Also die Frage, welche Prozesse durchlebt das psychische System, oder das Beratungssystem. Und welche Prozesse führen dann evtl. zu einer Wirksamkeit von Tarot in der Selbstreflexion und Beratung. Fällt Ihnen jetzt vielleicht spontan etwas dazu ein?

TK: Mir scheint, dass das, was Sie mit systemisch meinen, und das, was die verschiedenen therapeutischen oder Lebenshilfe-Ansätze des Tarot versuchen, sehr nahe beieinander liegen. Wenn ich eine Erkenntnis aus der Kartenbetrachtung gewinne, sei sie einen Menschen meiner Umgebung, mich selbst oder mich in einer bestimmten Situation betreffend, so muss ich, ob ich will oder nicht, fortan mit dieser Erkenntnis leben. Das bedeutet, ich bin aufgefordert, diese Erkenntnis auf ihre Wahrheit hin zu überprüfen – ist es eine Erkenntnis oder nur ein Tagtraum, eine Phantasie? – oder auf die Realitätsebene der Wahrheit. Konkret: Der „bedeutende Mensch“, den ich da zum Beispiel erkenne, kann ein Partner, ein Lehrer, ein Schutzbefohlener sein oder noch ein ganz anderer. Ich muss erst begreifen, wer das ist. Und diese Erkenntnis wirkt sich in meinem Handeln aus: Dann habe ich mit dem jeweiligen Menschen eine klare Aufgabe.

MSG: Kommen wir doch erst noch einmal auf Ihre Arbeit zurück. Etwas weniger salopp formuliert kann man sagen, dass es um den Wandel von Religion geht, darum, dass diese nicht mehr so eindeutig zu fassen ist. Tarot ist also das Beispiel, an dem sich die Arbeit entfaltet. Können Sie das nochmal erläutern?

TK: Der Tarot ist nicht einfach so vom Himmel gefallen, sondern entwickelte sich über Jahrhunderte. Das macht ihn zu einem sehr lehrreichen Kulturphänomen anhand dessen die Entstehung von Religiosität, von Religion, das Geschehen von Offenbarung untersucht werden kann. Es dauerte lange, bis sich Anzahl der Karten und die wesentliche Symbolik herausgebildet haben. Und, vereinfacht, auch die Bibel ist erst im Laufe von Jahrhunderten entstanden und nicht alle antiken christlichen Schriften fanden einen Platz im Zweiten, dem so genannten Neuen Testament. Die Entstehung der kirchlichen Dogmen wäre ein ähnliches Beispiel. Jede Religion und religionsähnliche Bewegung ist immer in der Gefahr als ein starres System verstanden zu werden, doch wenn sie wahr ist, wird sie immer erst in der Begegnung erfasst und verändert sich in der Beziehung, im gegenseitigen Herauslocken und Befreien. In der christlichen Religion ist das ausgedrückt im von Christus inspirierten Erlösungsgeschehen, dass die ganze Welt umfassen soll. Das ist ein dynamisches Geschehen, das nicht abgeschlossen ist, ein System im Werden, im Wagnis, in Freiheit sich selbst anzunehmen. Im Erforschen von neuer Religiosität, Esoterik und anderen solcher Techniken bzw. Praktiken wie Tarot können wir eine sozusagen eine Religion während ihres Entstehens betrachten.

MSG: Wenn wir nun zurück zur systemischen Sicht kommen, würde ich behaupten, dass Religiosität einerseits ein Prozess des psychischen Systems ist, das seine Weltsicht autopoietisch konstruiert, andererseits ein soziales System, in dem ein gemeinsamer Sinn kreiert wird. Ziel ist es dann dem Unbekannten, dem Transzendenten begegnen zu können. So, oder so ähnlich kann man das bei Luhmann, z. B. in "Die Religion der Gesellschaft" lesen. Können Sie das nachvollziehen? Was sind Ihre Gedanken dazu?

TK: ‚Religiosität ist das Zeugnis, die eigene Endlichkeit als aufgehoben ansehen zu wollen', so definiert mein Doktorvater Linus Hauser Religiosität. Wir sind in einem reichlich unbegreiflich komplexen

Dasein gelandet und versuchen es zu bewältigen. Echte Religiosität ist dafür ein sehr guter Weg, um mit unserer Unsicherheit umzugehen, uns achtsam zu machen, wach zu halten und handlungsfähig. Starre Systeme reduzieren unsere mentalen und kreativen Fähigkeiten, die wir zur Bewältigung dieses Lebens brauchen.

MSG: In meiner Wahrnehmung ist Religion etwas, dass auch Halt geben kann, etwas dass einem psychischen System vielleicht auch eine Last abnehmen kann. Kann Religion damit auch in die Selbstverantwortung führen, oder besteht hier die "Gefahr des Abgebens"? Wo und in welchem Maß macht ein Abgeben möglicher Weise Sinn? Und lässt sich dieser Gedankengang auf Tarot übertragen?

TK: Wenn Religion eine dynamische Inkulturation einer Transzendenzerfahrung in eine Gesellschaft hinein ist, bietet sie in Ethik und Ritus Möglichkeiten der Entlastung. Die Ausgestaltung der persönlichen Religiosität, der sich an der Religion orientiert, kann auf die eine oder andere Weise gedeutet werden. Nehmen Sie z. B. Ps 139,2: „Ob ich sitze oder stehe, du kennst es. Du durchschaust meine Gedanken von fern." Das kann über einen totalen Überwachungsgott genauso gesagt werden wie über ein überwältigendes, allumfassendes Geborgenheitsgefühl. Ich halte nichts davon, die eigene Verantwortung für mein Denken und Handeln an eine wie auch immer verstandene „Macht" abzugeben, sei es die Ausrede einer früheren Inkarnation, was ich in einem Tarotbildchen erkannt zu haben glaube, an einen Guru – und auch nicht an Gott. Wir können nicht alles lösen, nicht alles liegt in unserer Macht, doch es liegt alles daran, was wir daraus machen.

MSG: Wie kann mich Religion, oder Spiritualität bei meiner Selbstreflexion und bei meiner Persönlichkeitsentwicklung stützen?

TK: In jeglicher Weise, wäre die einfachste und klarste Antwort. Die Gewissenserforschung, wie sie frühere Generationen vor der Beichte gelernt haben, die Exerzitien des Hl. Ignatius, Geistliche Begleitung und Seelsorge, um nur einige der christlichen Wege zu benennen. Oder die Achtsamkeit, auch wenn für einen Buddhisten Persönlichkeitsentwicklung wahrscheinlich einfach nur „eitel" wäre.

MSG: Was wäre aus Ihrer Sicht der Unterschied zwischen Religion, Spiritualität und Esoterik? Gibt es überhaupt einen und kreiert sich dieser aus der individuellen Konstruktion des jeweiligen psychischen Systems? Und macht es aus Ihrer Sicht Sinn diese Unterscheidung zu treffen?

TK: Für ein gesundes psychisches System braucht es diese Unterscheidung auf jeden Fall. Doch was ist zu unterscheiden? Es gibt die individuelle Freiheit, sich jegliche Weltanschauung zu konstruieren. Das erleben wir täglich im politischen und gesellschaftlichen Leben. Aber wenn die Frage nach Wahrheit und nach ihren Kriterien und ihrer wissenschaftlichen Nachprüfbarkeit nicht mehr gestellt wird, kann ich jeden Unfug als wahr behaupten. In Religiosität, Spiritualität und Esoterik ist es nicht die Frage der Wahrheit, die den Unterschied macht, denn dazu kann man sich unter Umständen kein Urteil erlauben. Da ist es meines Erachtens die Transzendenz. Einfacher: Gibt es etwas ganz Anderes außerhalb von mir, ein Du? Wenn, wie es in manchen „esoterischen Anschauungen" der Fall ist, die Welt letztlich nur eine erweiterte Manifestation meines inneren Seelenlebens ist, dann ist die Konsequenz selbstbezogen, selbstvergöttlichend. Echter Esoterik würde es um den dritten Weg gehen.

MSG: Wo wäre dann ggf. Tarot anzusiedeln?

TK: Welcher Tarot? Der historische Kontext seiner Entstehung ist relativ eindeutig in der abendländischen hermetischen Denktradition des dritten Weges anzusiedeln. Doch ich möchte behaupten, dass die Lesungen, die im Fernsehen zu finden sind, nicht auf spirituelle Erkenntnis, sondern auf einfache Abzocke ausgerichtet sind.

MSG: Letztlich soll das Glaubensempfinden in der Arbeit nicht fehlen, jedoch auch nicht im Fokus stehen. Im Fokus steht das Tarot und dessen Nutzung. Darum würde ich jetzt gerne auf die Frage kommen, ob und wie Sie Tarot für Reflexion und/oder Beratung genutzt haben, oder nutzen. Mich interessiert Ihre Erfahrung. Können Sie Ihre Erfahrung und Ihr Empfinden in diesem Zusammenhang schildern?

TK: Natürlich habe ich als Ergänzung meiner Forschungsarbeit auch eigene Erfahrungen mit den Karten gesammelt. Das waren manchmal bestürzende, manchmal inspirierende Momente, wenn die Erkenntnis mich schon allein durch den ersten Blick auf das Bild ansprang. Ich hatte zum Glück auch ein sehr aufmerksames und reflexionsfähiges Umfeld und konnte gute Gespräche führen. Ich finde bislang zum Beispiel keine naheliegende oder nachvollziehbare Erklärung für die Tatsache, dass ein Freund, wenn er mich besuchte, jedes Mal die gleiche Karte zog. Ich habe dies in ähnlicher Form äußerst häufig bei bestimmten, immer den gleichen Fragestellungen erlebt. Es bleibt ein Phänomen. Für die Beratung setze ich die Karten heute nur noch sehr selten ein.

MSG: Unter welchen Bedingungen kann Tarot ein dienliches Instrument sein?

TK: Menschen, die eher emotional veranlagt sind oder solche, die von Bildern leicht ansprechbar sind, können eine Bildbeschreibung einer Tarotkarte geben. Doch es liegt am Deuter, die Karte sehr genau zu kennen, ihre gesamte horizontale und vertikale Symbolik, um zu erkennen, wo dieser Mensch steht.

MSG: Gibt es möglicherweise Gefahren, die in der Nutzung von Tarot schlummern? Sei es in der selbst durchgeführten, sei es in der beratenden Nutzung?

TK: Was ich eben sagte, gilt in noch höherem Maße für eine Tarotsitzung mit sich selbst. Sie kennen die Fragestellung, ob ein Coach sich selbst coachen kann, ein Therapeut sich selbst therapieren kann. Wo ist die professionelle Distanz? „Gefahr" ist ein gefährliches Wort in diesem Kontext. Unerfahrenheit ist eine Gefahr, mangelnde Lebenserfahrung, Unkenntnis des Gegenstands auch. Wenn ein unvorbereiteter, womöglich religiöser Mensch die Karte „Teufel" zieht kommt er – naheliegend – eher zu den gegenteiligen Schlüssen als zu den in den Symbolen gemeinten. Und umgekehrt, weil die „Liebenden" ein wunderschönes Bild sind, das die Seele erfreut, macht es auch blind wie die Liebe selbst. Es sollte ein gründliches Symbolstudium der Praxis vorausgehen.

MSG: Was ist in Ihrer Wahrnehmung ausschlaggebend: Überlieferte Deutungsangebote, psychologische Deutungsangebote, oder vielleicht die individuelle Assoziation? Gibt es überhaupt etwas Ausschlaggebendes?

TK: Sie gehören alle dazu. Die Überlieferung bietet den Rahmen für die individuelle Deutung, psychologische Deutungen können helfen, die Symbole zu erschließen. Doch das Assoziieren alleine halte ich für ein allzu leicht sich selbst täuschendes Vorgehen. Wir legen unseren Focus auch bei der Deutung der Karten zu schnell auf das, was wir erwarten (auch erhoffen und wünschen) und wollen die Probleme auf Grund unserer persönlichen Alltagserfahrung lösen, d.h. ohne deduktives, logisches Schlussfolgern. Doch ohne Rückbindung an die Deutetradition kann ich die Karte nicht verstehen.

MSG: Was denken Sie, passiert wenn Tarot genutzt wird?

TK: Die Beschäftigung mit dem Tarot regt meiner Erfahrung nach die Denkbereiche an, die eher intuitiv als rational sind. Solche Denkweisen können helfen, sich in der Komplexität der modernen Lebenswelt zurechtzufinden, kreative Problemlösungen zu finden, wenn man es gelernt hat, außerhalb der „Box" zu denken. Es wird immer wichtiger, die Bedeutung und Folgen von Dingen und Handlungen zu kennen, zu verstehen, z. B. wie Informationen verknüpft sind. Es ist eine philosophische Denkschule, doch wie gesagt, es kann einen Menschen auch in den Irrgarten der eigenen Selbsttäuschungen führen.

MSG: Nun doch noch ein Sprung zurück zu einer Art Glauben, wenn auch nicht im religiösen Sinne. Denken Sie, dass es einen Unterschied macht, ob jemand an die Wirksamkeit von etwas, wie z. B. Tarot, glaubt?

TK: Naja, wenn der Seelen-Irrgarten auch dazugehört, schon. Bei uns im Studium gab es einen Spruch: Manche halten den eigenen Vogel für die Taube des Heiligen Geistes. Die Wirksamkeit des Glaubens als Konstruktionselement unserer Deutung der Welt ist in vielerlei Hinsicht unbestreitbar. Wir nennen es dann jedoch oft Einstellung, Haltung, Meinung, Überzeugung. Wenn es einen wissenschaftlich nachvollziehbaren Weg gäbe, die Einmaligkeit eines individuell erlebten Ereignisses in Beziehung auf die Einmaligkeit einer Kartenziehung zu erforschen, könnte ich Ihnen da etwas sicherer antworten. Wenn der Glaube aber Voraussetzung für spirituelle Erfahrung wäre, dürfte es so etwas wie Bekehrungsgeschehen nicht geben. Wenn ich den Begriff Offenbarung anwende, dann kann sich z. B. durch den Tarot auch eine Erkenntnis in die Wirklichkeit drängen, auch ohne dass ich vorher dran geglaubt hätte.

MSG: In der Arbeit verwende ich das Wort Nicht-Zufalls-Konstruktion. Sehr systemisch ... Damit meine ich, dass jemand denkt, glaubt, fühlt, dass etwas nicht zufällig geschieht. Damit setze ich allerdings auch verschiedene Formen dieser Konstruktion gleich, sei es ein Glauben an Schicksal, etwas nicht greifbares göttliches, Gott oder was dem Menschen sonst diese Bedeutung schenkt. Das schließt auch das Tarot dergestalt ein, dass die Karten auf irgendeine Weise unzufällig gezogen werden. Für mich kreiere ich damit eine Gleichwertigkeit, die Wertschätzung für das individuelle Empfinden beinhaltet. Wie fühlt sich das für Sie an?

TK: Das deckt sich mit meinen Erfahrungen. Das, was da im Tarot als Karte angeblich zufällig gezogen wird, geschieht auf eine Weise, die durchaus auch „unzufällig" genannt werden kann. Ich habe vorhin ja schon das Beispiel meines Freundes genannt. Und nein, die Karten hat er nicht gezinkt oder dergleichen. Das Individuum ist womöglich sowieso das Unzufällligste, was es gibt; der vorhin schon zitierte Psalm 139 sagt an anderer Stelle (V. 13): „Du selbst hast mein Innerstes geschaffen, hast mich gewoben im Schoß meiner Mutter." Wir gehen also nicht davon aus, dass wir zufällig zusammengewürfeltes genetisches Material sind, sondern glauben, dass unser Leben auf Grund göttlicher Berufung Sinn, Bedeutung, Einmaligkeit und Bestimmung bzw. ein Ziel hat.

MSG: Denken Sie, dass es für die Dienlichkeit einer Tarot-Nutzung eine Rolle spielt, ob Zufall, oder Nicht-Zufall konstruiert wird?

TK: Wenn Gott sich bei der Menschwerdung der Genetik bedient, nutzt er dann Absicht (Nicht-Zufall) oder Zufall? Mit dem Tarot ist es, nach meiner Erfahrung, ähnlich. Was auch immer konstruiert wird, ist Teil des Systems, in dem auch der Tarot (bzw. seine Archetypen) wirkmächtig unterwegs sind. Oder anders gesagt: Dem Tarot ist es völlig wurscht, was einer denkt, er offenbart seine Erkenntnis und Botschaft nach eigenen Gesetzen. Noch einmal anders: Gottes Wege sind auch unergründlich.

MSG: Zu guter Letzt. Nach all diesen Fragen und Gedanken: Gibt es für Sie jetzt eine Verbindung zu einer systemischen Sicht auf Tarot?

TK: Wenn alles mit allem zusammenhängt, wie es die alte weisheitliche Weltsicht postuliert, ist der Tarot Teil des Systems und somit kann er helfen, unbewusste Seiten aufzudecken.

Vera Ruhrus

Frau Ruhrus hat eine Ausbildung zur systemischen Beraterin und arbeitet in der Beratung mit Tarot. Frau Ruhrus nahm an einem E-Mail-Interview teil.

Auszug Interview

MSG: Sie arbeiten mit Tarot und systemisch, kombinieren Sie diese Wege?

VR: Ich kombiniere beide Wege, eher intuitiv, nach meiner Erfahrung und so wie ich beides verstanden habe und verstehe.

MSG: Wie ist es dazu gekommen, dass sie beide Wege kennen/verwenden?

VR: Ich habe seit vielen Jahren eine große Affinität zu den Bildern des Tarot und habe dann im Laufe der Zeit immer mehr dazu gelernt, auch eine Ausbildung zur Tarotberaterin gemacht. Eine Ausbildung zur systemischen Beraterin habe ich dann, ursprünglich mit einem anderen Fokus gemacht, es ging mir darum, als Mentorin für Krankenschwester, systemische Beratungen, Praxisreflexion etc. Für KollegInnen, EhrenamtlerInnen und Führungskräfte im Gesundheitswesen anzubieten, dazu fand und finde ich den Hintergrund der systemischen Beratung passend und wichtig. Also kenne ich beide Wege, habe beide „gelernt" und wende sie an.

MSG: Wie denken Sie, passen diese beiden Dinge zusammen?

VR: So wie ich damit arbeite, passen diese beiden Wege gut zusammen. Wie die Bilder des Tarot können die Fragen der Systemischen Beratung Vorschläge sein, Ideen, Hinweise und neue Aspekte erschließen. Wie Tarot ist für mich Systemische Beratung eine Methode, die sehr im „Hier und Jetzt" wirkt, die ressourcen- und lösungsorientiert wirkt und die den Dialog (im Tarot den Trialog) zwischen Beraterin, Klientin anregt. Der Ansatz, dass jedes Problem auch die Lösung in sich trägt/tragen kann, ist ebenso dem Tarot als auch der systemischen Beratung eigen. Der lustvolle Aspekt der systemischen Beratung, die Idee, dass es auch der Beraterin gut gehen soll, verwirklicht sich für mich immer wieder aufs Schönste in der Tarotberatung! Die Art der Fragestellung – operationalsierende W-Fragen, außer Warum? J ist ebenfalls ähnlich.

MSG: Was bedeutet Tarot in Ihrer Arbeit für Sie?

VR: Tarot ist meine Leidenschaft, meine Freude, gleichzeitig mein sehr ernsthafter Ansatz der Beratungsarbeit.

MSG: Welche Themenbereiche bearbeiten Sie mit Tarot?

VR: Die Themen, die die Klientinnen mitbringen, bearbeite ich dann mit ihnen. Die Kundin ist Königin! Es geht, nach meiner Erfahrung, häufig um Standortbestimmungen, Rundumblicke, wenn das Thema noch etwas diffus ist. Ferner natürlich um Liebe, Partnerinnenschaft, Partnersuche, Partnerschaftsprobleme, Kinderwunsch. Dann geht es auch um Themen wie Wohnen, berufliche und örtliche Neuorientierung, Positionierung, Ortswechsel, Work-Life-Balance, dann um häufig wiederkehrende Lebensthemen, Selbstsicherheit/Unsicherheit, Netzwerke, Spiritualität. Ein wichtiges Thema sind auch Entscheidungen zwischen zwei oder mehr Alternativen.

MSG: Wie gehen Sie in der Beratung mit Tarot um? Auf welche Art nutzen Sie die Karten?

VR: Zuerst wird gesprochen, manchmal muss das aktuelle Thema eingekreist werden, je nach Kundin dauert das Explorationsgespräch länger oder kürzer. Dann legen wir die Frage konkret fest bzw. entscheiden uns für eine Legung, die eher einen Rundumblick zulässt. Daraufhin wähle ich das Legemuster aus und kommuniziere das Warum meiner Auswahl. Die Karten werden gemischt, die entsprechende Anzahl durch die Kundin gezogen. Ich weise darauf hin, dass es mir persönlich „egal" ist, ob mit links oder mit rechts. Die Kundinnen brauchen auch keine heilige „Ehrfurcht" an den Tag zu legen, für mich sind die Karten Handwerkszeug und Tarot eine, wenn auch wunderbare Methode, sich selber und der eigenen momentanen Wahrheit ein Stück näher zu kommen. Wenn dann die Karten aufgedeckt sind, verschaffe ich mir einen ersten Überblick, spreche über das, was mir auffällt. Dann geht es ins Detail der Deutung. Im Gegensatz zur systemischen Beratung im stringenteren Sinne, mache ich diese Deutung erst mal alleine! Dann kommt die Kundin dazu, mit dem, was ihr dazu einfällt, mit ihren Fragen und Ideen dazu. Und dann kommen wir in einen Dialog, bzw. Trialog mit uns und dem Tarot. Schließlich rechne ich noch die Quintessenz aus, die Karte des großen Arkana, die sich aus der Quersumme der Karten der aktuellen Legung errechnet. Wichtig sind mir dabei, ganz praktische, konkrete Hinweise, die der Tarot manchmal gibt, pragmatische Idee, z. b. bei der 14, der „Mäßigkeit" ist oft der Rat, an fließendes Wasser zu gehen, auf den fließenden Atem zu achten, sich ausgewogen zu ernähren, auch mal die Elektrolyte checken zu lassen. (Das, und bei wenig erdenden Karten – Münzen – der Rat, mal barfuß zu gehen und Kartoffeln zu essen) ist aber das Äußerste, was ich an Gesundheitsfragen bearbeite. Fragen nach Gesundheit, Lebensdauer etc. beantworten seriöse Tarotberaterinnen nach meiner Ansicht nicht. Am Schluss fasst die Kundin die Kernerkenntnis zusammen. Sie kann gerne mit Smartphone die Karten fotografieren. Wir halten noch mal einen Ausblick darauf, wie es in der nächsten Zeit konkret weitergehen kann.

MSG: Denken Sie, Tarot ist ein Weissagungsmittel?

VR: In erster Linie nicht, kann aber als solches sicher benutzt werden. Viele Kunden, gerade auf Märkten, kennen Tarot als solches, fürchten es manchmal oder nehmen es nicht ernst. Die haben dann bei mir aber durchaus auch schon überraschende Legungen erlebt.

MSG: Wie stehen sie zu dem Feld „Weissagung"?

VR: Als ich anfing – ich habe bei einer Schülerin von Banzhaf gelernt – war ich eher „dagegen". Ich fand die Deutung von Banzhaf sehr gut und pragmatisch, der sagt, dass jede Karte einen Aspekt des Lebens und der jeweiligen Person repräsentiert und daher jede Karte, die liegt, immer „stimmig" ist. Ich habe allerdings im Laufe der Zeit immer wieder „Intuitionen", Eingebungen, manchmal auch eine Art Hellsicht während der Legung, der ich zunehmend vertraue.

MSG: Was ist Tarot aus Ihrer Sicht?

VR: Ja, sehr vielschichtig – ein Handwerkszeug, wie gesagt, eine Sammlung wunderbarer psychologischer Bilder, die auf unserer christlich-jüdischen, sicher auch keltischen Tradition und Kultur beruht. Früher übrigens auch ein Kartenspiel – Tarock wird in Bayern ja immer noch gespielt.

MSG: Was bedeutet aus Ihrer Sicht der Begrifft Selbstverantwortung, im Zusammenhang mit Tarot und im Zusammenhang mit Beratung im Allgemeinen?

VR: Viel! Die Entscheidung der Fragestellung gehört bereits dazu – ich sage immer: Tarot antwortet nur auf die Fragen, die wir stellen. Wenn wir etwas nicht wissen wollen, ist auch das Selbstverantwortung. Dann natürlich in der Annahme der Deutung. Daher sollen Deutungen immer nur Angebote sein; dies soll auch explizit gesagt werden und wird auch! Dann letztendlich, was die Kundin aus der Erkenntnis macht. Bei Alternativentscheidungen lege ich gerne den Kompass. Da geht es um 2, 3 oder mehr mögliche Wege und der Konsequenz und Ausgang – auch, wenn die Karten recht eindeutig liegen, hat die Kundin die Wahl diesen oder jenen Weg zu gehen oder nicht zu gehen. Ein Beispiel: Wenn auf der Straße einer bestimmten Alternative als Ergebnis die 5 Münzen liegen, also ein nicht so strahlend schönes Ergebnis, werde ich das zwar anmerken, wenn aber der Weg insgesamt so verlockend ist und die Konsequenz, dabei materiell nicht reich zu werden, in Kauf genommen wird, kann die Kundin sich möglicherweise für den Weg entscheiden. (Zumal die 5 Münzen, ja, wie alle Karten, viele Aspekte hat und der materielle Reichtum bzw. das Gegenteil davon nur ein Aspekt ist.

MSG: Wo liegt aus Ihrer Sicht die Stärke von Tarot und für welche Zielgruppe ist es geeignet?

VR: Es liegt buchstäblich alles auf dem Tisch – wir haben etwas, das wir ansehen und ganz konkret betrachten können. In anderen Beratungssettings wird gerne einmal abgedriftet – was auch okay ist – aber beim Tarot wird zwar einerseits locker assoziiert, andererseits können wir immer wieder auf den Punkt kommen, denn der liegt ja vor uns, ganz konkret. Ich würde sagen, alle die Lust haben, sich darauf einzulassen, die neugierig sind, suchend, fragend. Und alle anderen auch. Ich würde nur Menschen in einer akuten Psychose oder schweren Depression im akuten Schub davon abraten. Natürlich habe ich auch Kundinnen, die unterschiedlich schwingungsfähig sind – je nachdem muss ich als Beraterin mehr oder weniger viel arbeiten.

MSG: Denken Sie, die Auswahl der Karten erfolgt zufällig, oder nicht zufällig?

VR: Siehe oben, die Interpretation von Banzhaf finde ich schon recht stimmig. ABER: Es liegen zu bestimmten Zeiten immer wieder ähnliche Themen sozusagen in der Luft, interpersonell nach meiner Erfahrung Beispiel: Es wurde eine Weile sehr oft der Wagen gezogen. Das war eine Karte, die ich eigentlich nie spektakulär fand. Also musste ich mich damit auseinandersetzen, lernte etwas über neue Aspekte und dachte, Tarot wolle mich etwas lehre … eine Kollegin, die auch schamanisch arbeitet, eine ganz weise Frau meinte dazu jedoch: nein, es sei gerade ein großes Menschheitsthema, über das „entweder – oder" (verkörpert in den Sphinxen des Wagens) hinauszugehen und in die Integration der Gegensätze zu gehen, aus dem „entweder/

oder" ins UND zu gehen. Dies sei die Botschaft des Wagens in der spirituellen Tiefe dieser Karte"

MSG: Ihrer Erfahrung nach: Empfinden die Klienten die Auswahl der Karte als zufällig, oder als nicht zufällig?

VR: Das ist sehr unterschiedlich. Es gibt sehr pragmatische Klientinnen, die eher etwas mit der Idee des Tarot als Seelenspiegel etwas anfangen können. Andere sind fest davon überzeigt, dass es im Universum keine Zufälle gibt. Die meisten bewegen sich, wie ich, zwischen diesen beiden Polen.

MSG: Was mach Tarot hilfreich? Oder anders: Unter welchen Bedingungen ist Tarot hilfreich?

VR: Wie bereits erwähnt: hilfreich ist die Tatsache, dass bei der Tarotberatung alle Themen so schon buchstäblich auf dem Tisch liegen. Bilder, die an den Bilderreichtum der Seele anknüpfen können, die einerseits freies Assoziieren erlauben, andererseits aber auch Hinweise auf tiefere Schichten und menschenverbindende Themen geben. Die Bedingungen sind ein wertschätzender Umgang, ein ruhiges Setting und hinsichtlich der Beraterin einerseits Festigkeit und Vertrauen in den Prozess der Beratung, Wissen und die Bereitschaft hinzuzulernen. Die Beziehung während der Beratung und eine gewisse Offenheit der Klientin, das ist das A und O. Und die gelungene Fragestellung durch das explorative Gespräch.

MSG: Unter welchen Bedingungen ist Tarot nicht hilfreich?

VR: Wenn die Erwartungen nicht klar sind – wenn die Klientin z. B. eine Wahrsagung möchte und die Beraterin ganz anders arbeitet. Wenn nicht klar ist, was Tarot leisten kann und was nicht.

MSG: Denken Sie, es spielt eine Rolle, ob der Klient das Instrument auswählt oder annimmt bzw. offen dafür ist?

VR: Das auf jeden Fall, bei mir gibt es aber eine klare Trennung. Welche Tarot möchte, bekommt Tarot. In andere Beratungssettings (s. o.) fließt das nur selten ein.

MSG: Wie sehen Sie Ihre Rolle als Beraterin?

VR: Vielschichtig, Deuterin, Interpretin, Hörende, Aufnehmende, Zusammenfassende, Strukturierende und in erster Linie als DOLMETSCHERIN zwischen den Bildern und der Klientin.

MSG: Wo sehen Sie Ihre Verantwortung als Beraterin?

VR: Zu erkennen, wenn eine Klientin dringend therapeutische oder medizinische Hilfe braucht. Dann Beratung zu diesem Zeitpunkt nicht machen. Dann – die Eigenverantwortlichkeit der Kundin zu betonen, die Freiheit, das, was sie aus der Beratung mitnehmen möchte, zu respektieren. Abstinenz bei Themen wie Gesundheit, Tod und anderen Prognosen!

MSG: Wo liegen die Tücken, Fallstricke, oder Gefahren in der Beratung mit Tarot und Beratung allgemein?

VR: Wenn Beratung, das betrifft Systemik sowie Tarot, als Dogma bzw. Religionsersatz interpretiert werden. Wenn die Beraterin ihr Charisma nutzt für Einflüsterungen jeder Art.

MSG: Welche Wege begünstigen einen guten Umgang mit möglichen Fallstricken?

VR: Klarheit, Awareness, gute Kommunikation, kritischer Umgang, auch mit den eigenen möglichen blinden Flecken und dem Anspruch der Allwissenheit. Und HUMOR!

Anonymisierte Interviews

Partnerin 1 (Nutzerin und Beraterin)

MSG: Benutzt du die Karten überwiegend für dich selbst, oder für andere?

Partnerin 1: Das ist ganz unterschiedlich. Ich benutzte sie nicht sehr oft. Meistens habe ich auch so schon Eingebungen. Es gibt Situationen, in denen ich sie gerne benutze, wenn mir nichts mehr einfällt, dann gucke ich gerne in die Karten. Dann nutze ich sie auch gerne für mich. Obwohl ich das Gefühl habe, dass es für mich schwieriger ist sie zu deuten, als wenn ich es für andere mache. Es gibt manche Klienten, die wirklich gerne in die Karten gucken wollen, wenn wir z. B.

bestimmte Themen besprechen. Dann gucke ich auch gerne mit ihnen in die Karten, um zu sehen, was die noch dazu sagen. Dabei nutzte ich die Lenormand-Karten am liebsten, obwohl ich auch das Tarot mag. Da habe ich mich am intensivsten mit den großen Arkana beschäftigt. Mit den anderen nicht so sehr, ich denke das sind mir einfach zu viele Karten.

MSG: In einem Experten-Interview haben wir darüber gesprochen, dass die großen Arkana für Lebensthemen und Seelenthemen stehen. Ich würde das jetzt so deuten, dass du dich eher mit diesen inneren Themen befasst, als mit den äußeren.

Partnerin 1: Als mit den profanen, ja. Das kann gut sein. Mich interessiert immer das Tiefere, das was dahintersteht. Das ist tatsächlich der größere Lernauftrag.

MSG: Wie machst du das, wenn du für Klienten Karten legst?

Partnerin 1: Vermutlich mache ich das unkonventionell. Ich mache keine klassischen Legungen. Ich mische und ziehe drei Karten. Meistens schaue ich mir die drei in der Kombination an und erzähle worum es bei den Karten geht und wie ich die Karten in der Verbindung wahrnehme.

MSG: Würdest du sagen das ist mehr in einer Art von Reflexion?

Partnerin 1: Ja, absolut reflektierend. Ein „Wo führt es hin?", also wenn es um das Zukünftige ginge, wäre nicht meins. Natürlich ist klar, wenn wir innerhalb unserer Muster sind und agieren, werden wir immer wieder ähnliche Ergebnisse erzielen. Meine innere Ausrichtung und Ausrichtung in der Arbeit ist tatsächlich genau, dass wir diese Muster und Programme in uns erkennen und lösen und ändern können. Aus meiner Sicht können wir dann auch nicht mehr wissen, was die Zukunft bringt. Sie wird dann neu. Sie wird umgeschrieben. Besten Falls sind wir entspannter.

MSG: Und dann sind Karten, wie Tarot, oder Lenormand einfach ein möglicher Weg, um sich seiner Muster bewusster zu werden?

Partnerin 1: Genau. Einmal das und zweitens, um zu schauen wie es grade aussieht. Vielleicht ist eine Entwicklung da und der Fragende ist nur unsicher, ob er seinen Weg so weiter gehen soll. Solche Sachen.

MSG: Erzählst du deinen Klienten die Deutung, oder haben sie auch selber Impulse zu den Karten? Geht das dann parallel?

Partnerin 1: Das geht absolut parallel. Meine innere Ausrichtung ist die absolute Selbstkompetenz und Selbstverantwortung des anderen. Mein Streben richtet sich auch in meiner Arbeit dahin den anderen in seine Freiheit zu bringen. Das heißt ich versuche den anderen in seine eigene Erkenntniswelt und Weise zu führen. Genauso halte ich es mit den Karten, dass ich auch rückfrage, wie der andere auf die Karte reagiert, was sie ihm sagt, oder zeigt.

MSG: Ist das aus deiner Erfahrung so, dass das sich die Bedeutung der Karte in der Resonanz des Klienten wiederfindet?

Partnerin 1: Ja, in der Regel schon. Ich würde das schon sehr stark bejahen.

MSG: Kommt es auch vor, dass der Klient damit gar nichts anfangen kann?

Partnerin 1: Es gibt höchstens die Situation, dass derjenige für den Moment keine Resonanz hat. Ich würde aber nicht sagen, dass er oder sie damit nichts anfangen kann, sondern, dass das Bild scheinbar nicht passt. Oder, dass für den Moment etwas fehlt, um das Bild zu sich nehmen zu können. Ich habe nicht das Gefühl, dass es die Situation gab, dass es gar nicht gepasst hat.

MSG: Würdest du sagen, dass die Bilder wirken oder, dass die Symbole, die dahinter stehen, wichtig sind?

Partnerin 1: Für mich persönlich ist die Bildersprache entscheidender. Die Symbole haben auch eine Wirkung und sind Jahrtausende alt, aber da habe ich meinen Fokus nicht so drauf.

MSG: Spielt das in deiner Wahrnehmung die eigentliche Rolle, wo der persönliche Fokus ist?

Partnerin 1: Ja. Das würde ich so sagen. Die Ausrichtung ist wichtig. Wobei ich das vielleicht auch ein bisschen relativieren muss, weil wir ja wissen, was das Unterbewusste bewirkt. Dinge, die wir so nicht auf dem Schirm haben, selbst wenn wir fokussiert ausgerichtet sind. Das ist etwas was nur über jahrelange Erfahrung und Training anzupassen ist.

MSG: Das hat viel mit dem Unterbewusstsein zu tun?

Partnerin 1: Ja. Im Grunde ist es so, dass die Karten uns mit dem unterbewussten Anteil von uns verbinden. In meiner Arbeit bin ich viel damit beschäftigt das Unterbewusste bewusst zu machen. Auf meine Art und Weise, die ich über viele Jahre entwickelt habe. Ich versuche ein Bespiel zu finden. Es gibt oft Menschen, die sagen „Davon weiß ich nichts, dann macht es mir nichts.", z. B. bei Elektro-Smog. Ich denke letztlich schützt Unwissenheit nicht. Nur, weil ich etwas nicht weiß, bin ich davor nicht gefeit. Aber wenn wir um Dinge wissen, können wie sie auch so groß machen, dass sie erst recht wirken. Entwickle ich eine große Angst vor Elektro-Smog und befasse mich Jahre lang damit, dann ist der Fokus auf der Angst. Ich könnte auch sagen „Stopp. Das macht mir nichts.". Die Frage ist, wo kommt das Stopp her. Ist es aus der Ignoranz geboren, oder ist es eine bewusste Entscheidung. Darüber kann ich auf mein Unterbewusstsein wirken. Ich glaube, so ist es vielleicht auch mit der Symbolik. Sie wirkt so lange stark auf uns, wie wir unbewusst damit umgehen. Sobald wir ein Bewusstsein dafür geschaffen haben, sind wir in der Lage die Dinge am Kern zu verändern und neue Entscheidungen zu treffen.

Partnerin 2 (Nutzerin)

MSG: Wie bist du auf Tarot gekommen?

Partnerin 2: Durch dich. Du hast mir irgendwann mal die Karten gelegt. Da habe ich gemerkt, dass da was dran ist und, dass ganz viel irgendwie stimmt. Danach habe ich gedacht, ich kann mir auch so ein Set kaufen und das selber machen. Ab und zu lege ich mir die Karten.

MSG: Hast du darüber vorher anders gedacht?

Partnerin 2: Ich habe mir da gar keine Gedanken drüber gemacht. Ich wusste, dass es das gibt, aber das war mir egal.

MSG: Du hast gesagt, du hast gemerkt, dass es stimmt. Was genau hat denn da gestimmt?

Partnerin 2: Keine Ahnung. Wie kann ich das erklären? Was da gestimmt hat war, dass die Karten mir gezeigt haben, was für eine Situation grade war und das fand ich irre, dass sich das in diesen Karten wiedergespiegelt hat.

MSG: Das hat also auf deine Situation gepasst. Und, dass das gepasst hat, hat dich dann auch weiter beschäftigt?

Partnerin 2: Genau. Ja.

MSG: Ok. Als ich dir die Karten gelegt habe, wie haben wir das gemacht? Habe ich dir die Karten gedeutet, oder wie war das?

Partnerin 2: Ja, genauso. Ich habe mir die Karten ausgesucht und du hast sie dann für mich gedeutet.

MSG: Und meine Erklärungen waren dann so, dass es für dich genau gepasst hat? War das stimmig und schlüssig? Oder hat es sich angehört, als würde ich einfach etwas erzählen?

Partnerin 2: Das hat sich auf jeden Fall stimmig angehört. Ich war total überrascht! Also darüber, dass das alles so stimmte.

MSG: Dann hast du dir selber ein Set gekauft und macht es noch heute für dich selbst?

Partnerin 2: Ja. Wenn ich nicht mehr weiter weiß, dann mache ich das. Also z. B.: wenn ich in einem Thema schwimme, dann kann ich mit den Karten eine ungefähre Richtung finden. Es ist z. B. gut, zu erkennen was man nicht kann, oder was man nicht will – sich das klar zu machen. Dann ist man auch einen Schritt weiter.

MSG: Wenn du das für dich selber gemacht hast, hat sich das dann genauso stimmig angefühlt?

Partnerin 2: Ja, hat es.

MSG: Ich schließe daraus jetzt, dass die Karten aus deiner Sicht etwas bewusst machen, oder bewusster machen, was schon da ist. Verstehe ich das richtig?

Partnerin 2: Ja. Das ist, glaube ich, oft so. Manchmal sieht man den Wald vor lauter Bäumen nicht. Dann ist es einfach eine gute Hilfestellung, um zu sehen "Aha, da bin ich grade. Das steht für mich an.".

MSG: Das ist für dich also ein Mittel zur Reflexion?

Partnerin 2: Ja. Genau das. Einmal für dich selber und einmal für die Situation in der Du bist.

MSG: Hast du dir nochmal von jemand anderen die Karten legen lassen, oder verlässt du dich ganz auf dich?

Partnerin 2: Ich verlasse mich auf mich. Damit fahr ich gut. Auch wenn ich immer ins Buch gucken muss.

MSG: Machen die Bilder schon etwas mit dir, bevor du ins Buch guckst?

Partnerin 2: Einige Karten ziehe ich öfter als andere. Dann weiß ich auch schon, wenn ich die Bilder sehe, was die Karte bedeutet.

MSG: Und im Buch liest du dann die Beschreibung?

Partnerin 2: Ja. Das ist dann eher nochmal wie eine Stütze. Eine Karte kann ja in verschiedenen Situationen auch immer was anderes bedeuten. Ich glaube, dass das Buch nochmal eine andere Sichtweise zeigt, wenn man daraus deutet.

MSG: Ich fasse zwischendurch immer mal zusammen, damit ich es richtig verstehe. Das ist wichtig für mich. Also, das Buch ist für dich eine Stütze. Du liest die Bedeutung, aber du interpretierst es selbst auf deine Situation. Das machst du, weil du dir bewusst bist, dass die Karte unterschiedliche Bedeutungen haben kann. Du siehst dir die Symbole und Bedeutungen an und denkst dann selber nach und sagst „Aha. Für meine Situation bedeutet es das.". Richtig?

Partnerin 2: Genau. Ja.

MSG: Glaubst du, dass das was mit Wahrsagen zu tun hat?

Partnerin 2: Für mich hat das wenig mit Wahrsagen zu tun. Deshalb finde ich es auch quatsch im Fernsehen anzurufen, oder so. Für mich ist es eine eigene Art zur Reflexion. Wie gesagt. Und wenn man jemanden nicht kennt, kann man ihm die Karten nicht legen. Finde ich.

MSG: Okay. Das mit dem Kartenlegen machen die Leute sehr unterschiedlich. Man zieht irgendwie eine, oder mehrere Karten raus. Glaubst du, dass das zufällig ist oder, dass das nicht zufällig ist?

Partnerin 2: Das ist eine schwierige Frage. Ich weiß es nicht. Wenn es zufällig ist, dann ist es sehr interessant, dass es immer passt. Ich glaube nicht, dass das zufällig ist. Aber ich weiß es nicht. Ich kann die Frage nicht so recht beantworten.

MSG: Wenn man jetzt mal vom Wissen weg geht, dann habe ich es so verstanden, dass es sich nicht zufällig anfühlt, weil es sich passend anfühlt?

Partnerin 2: Genau. Genau!

MSG: Aber du würdest nicht sagen, dass es irgendeinen Beweis gibt, dass es nicht zufällig ist?

Partnerin 2: Ja, genau.

MSG: Ist das für dich wichtig, ob das zufällig ist, oder nicht?

Partnerin 2: Nein. Es ist nicht wichtig.

MSG: Hast du mal anderen die Karten gelegt?

Partnerin 2: Ja, aber mehr aus Jux und Tollerei. Eine Freundin hatte die Karten bei mir gesehen und danach gefragt. Die hatte das dann nicht so ernst genommen und nicht daran geglaubt. Daher denke ich, dass das nicht sinnig war. Es kommt immer auf die Person an.

MSG: Es war eine Freundin und sie wollte das mal machen, hatte aber kein Anliegen?

Partnerin 2: Genau. Ja.

MSG: Hat es dann gepasst oder nicht gepasst?

Partnerin 2: Das hat gepasst. Aber sie hat es sich so gedreht, dass die Karten so allgemein sind, dass sie sowieso immer passen.

MSG: Das finde ich sehr spannend. Dazu Stelle ich noch ein paar Fragen. Es war in Deiner Wahrnehmung so, dass es für sie gepasst hat?

Partnerin 2: Ja.

MSG: Und es wahr in ihrer Wahrnehmung so, dass es gepasst hat?

Partnerin 2: Genau.

MSG: Und in ihrer Wahrnehmung war der Grund dafür, dass die Karten zu allgemein sind?

Partnerin 2: Ja.

MSG: Bedeutet das in deiner Sicht, dass sie die Entscheidung getroffen hat die Karten für sich nicht anzunehmen?

Partnerin 2: Ja, ich denke das war vorher schon klar. Sie hat einfach irgendeine Frage gestellt, um mal zu gucken, was da so rauskommt.

MSG: Wenn ich das jetzt zusammenfasse, würde das bedeuten, dass Du Tarot für Selbstreflexion nutzt und, dass Tarot aus Deiner Sicht nur für Leute passt, die das nutzen wollen und damit was anfangen können? Und wenn jemand nichts damit anfangen kann, dann ist es egal, ob es passt oder nicht passt, denn die können das dann einfach ablehnen? Das heißt, um dieses Instrument zu nutzen, ist es eine Grundvoraussetzung in die Selbstreflexion gehen zu wollen und daran interessiert zu sein, das über diesen Weg zu machen?

Partnerin 2: Genau. Ja.

Partnerin 3 (Nutzerin)

MSG: Als Erstes möchte ich dich gerne fragen, wie du auf Tarot gekommen bist und wie lange du dich schon damit beschäftigst?

Partnerin 3: Wie ich da drauf gekommen bin ist echt eine gute Frage. Ich denke mal durch Bücher. Ich habe viel gelesen früher und durch Bücher bin ich da draufgekommen. Dann habe ich mir irgendwann selber eins gekauft. Das ist jetzt mindestens 20 Jahre her.

MSG: Ja und was hast du damit gemacht? Also was war dein Impuls warum du das gemacht hast und das gekauft hast?

Partnerin 3: Mein Impuls war, dass ich herausgefunden habe, dass man sich dadurch selber auf einer bestimmten Ebene begegnen kann. Der Seele begegnen kann. Tieferliegende Schichten antreffen kann.

MSG: Dir selber begegnen?

Partnerin 3: Ja genau, auf einer tieferen Ebene. Ich war immer bedacht an mir selber zu arbeiten und weiter zu wachsen. Ich hatte das Gefühl, dass das für mich ein Weg ist mir auf einer ganz anderen Art und Weise zu begegnen und einen tiefen Einblick in meine Seele zu bekommen. Und das war damals so und es ist bis heute so. Es verändert sich auch immer wieder. Weil man sich selber verändert.

MSG: Und du hast über einen Zeitraum von mindestens 20 Jahren die Erfahrung gemacht, dass das funktioniert und hilfreich ist?

Partnerin 3: Auf jeden Fall, da sind teilweise so eindeutige, so hundertprozentig passende Aussagen. Da gibt es, ich weiß gar nicht wie viele, Karten. Ich habe keine Ahnung. Ich habe es immer wieder vergessen wie viele Karten, das gibt. Aber, wenn man dann etwas wissen möchte von sich selbst und man legt dieses Deck, dann kommen da ganz spezifische Aussagen und spezifische Karten. Da könnte ja auch was ganz anderes liegen. Und es ist so passend und so zutreffend. Es hat mich immer irgendwie weitergebracht.

MSG: Hast du ein Beispiel?

Partnerin 3: Beispiele kann man nicht so gut geben, das ist sehr persönlich.

MSG: Ja. Ist es auch passend, wenn Karten kommen, die nicht der eigenen Wunschvorstellung entsprechen?

Partnerin 3: Ja. Dafür muss man offen sein. Man kann natürlich auch sagen „Ich muss das jetzt abchecken. Ich will das jetzt hier auch von den Karten sehen." Man muss dann offen sein für Aussagen der dahinterliegenden Schichten. Darum geht es ja letztendlich: dass mir die Karten etwas preisgeben, was ich vielleicht noch nicht sehen kann oder sehen will. Wenn man nicht offen ist man baut sich eine Illusion auf, weil man irgendwelche Bedürfnisse hat und baut sich sein eigenes Konstrukt im Gehirn auf. Weil man irgendwelche Wünsche und

Bedürfnisse hat. Und das was dahinter liegt sind vielleicht irgendwelche unerfüllten Sehnsüchte, an denen man eigentlich arbeiten müsste.

MSG: Macht es einem Dinge bewusst, die unterbewusst da sind die man vielleicht nicht so sehen kann? Oder wo man nicht so hingucken will? Hält es einem so den Spiegel vor?

Partnerin 3: Ja: Genau. Das sind Spiegel.

MSG: Also es ist ein Spiegel als Möglichkeit mit sich selber ins Gespräch zu kommen und sich dadurch zu entwickeln? Und Dinge anzuschauen, die man vielleicht nicht so gerne anschaut?

Partnerin 3: Ja, genau. Ich würde fast sagen, dass das hauptsächlich darum geht. Meistens zeigen die Karten, woran man noch arbeiten darf. Aber ich hab es auch schon gehabt, dass mir das gezeigt hat es ist alles bestens und toll.

MSG: Also das zeigt vielleicht auch positive und negative Aspekte gleichzeitig kann das sein?

Partnerin 3: Ja auf jeden Fall. Immer. Im Grunde ist es immer positiv. Es sind immer Hinweise für sich selbst. Positiv und negativ oder schlecht und gut, das ist Auslegungssache. Wenn man davon ausgeht, dass alles irgendwie hilfreich ist, etwas ist an dem man wachsen darf, dann gibt es eigentlich kaum etwas was schlecht ist.

MSG: In dem Moment, wenn es nur positiv sein kann, dann ist es wahrscheinlich auch eine Stütze?

Partnerin 3: Ja, genau. Die Karten sind im Grunde genommen ein Hilfsmittel. Ich bin davon überzeugt, dass wir das eigentlich auch so können, ohne Karten, ohne alles. Wir wissen das eigentlich alles selber. Manchmal nehmen wir die Karten, aber irgendwann werden wir sie nicht mehr brauchen. Wahrscheinlich brauchen wir sie sowieso nicht mehr.

MSG: Ist Hilfsmittel für dich dasselbe wie Werkzeug?

Partnerin 3: Ja.

MSG: Und Werkzeuge gibt es viele, Tarot ist eine von vielen Möglichkeiten.

Partnerin 3: Ja auf jeden Fall. Es gibt was weiß ich alles.

MSG: Ist es so, dass man seinen blinden Fleck dadurch vielleicht bewusster wahrnehmen kann?

Partnerin 3: Ja.

MSG: Ich habe auch die Frage bei mir im Kopf nach der Freiheit. Denkst du, dass jemand der sich eine Beratung sucht, der sich also über die Karten beraten lässt oder der das selber macht, automatisch den Weg oder die Methode findet, die für ihn gerade passt?

Partnerin 3: Ja auf jeden Fall ich glaube wir tun immer genau das, was für uns gerade richtig ist. Wir begegnen Menschen, wir begegnen Hilfsmitteln. Was weiß ich. Das ist immer alles genau richtig, wie es ist, das glaube ich wirklich. Wir werden von Dingen angezogen, wir gehen darauf zu, wir begegnen Menschen, wir benutzten irgendwelche Hilfsmittel - es kommt immer das was gerade genau richtig ist für denjenigen. Die einen holen sich Runen, die anderen holen sich Edelsteine oder Klangschalen, manche verbiegen sich im Yoga oder machen Meditation. Das ist immer genau richtig, glaube ich, sonst würde man das nicht machen.

MSG: Ist es so, dass wir durch unsere Aufmerksamkeit unsere Realität selbst erschaffen?

Partnerin 3: Ja, auf jeden Fall. Ich gehe davon aus, dass jeder seine eigene Realität hat. Deswegen ist das mit den Tarotkarten auch so, dass die Karten bei jedem einzelnen irgendwie eine ganz spezifische Bedeutung haben. Bei dem einen sind die Liebenden total positiv und der andere denkt „Oh mein Gott." Man kann nicht sagen diese Karte bedeutet dies und diese ist jenes. Jeder hat seine eigene Wahrheit und jeder erschafft sich die. Es ist immer so, wie man Dinge wahrnimmt. Zum Beispiel: eine Tasse mit einem Affen drauf ist für den einen die Erfüllung überhaupt. Das ist seine tollste Tasse. Jemand anders guckt sich diese Tasse an und sagt „Was ist das denn für ein gruseliges Ding?!". Man kann nicht sagen das ist jetzt schön oder hässlich, gut oder schlecht. Das macht jeder für sich selbst zu seiner eigenen Wahrheit.

MSG: Wir schaffen das also selber und sind ja dann auch ein Stück weit selber in der Verantwortung für das was wir denken, tun und fühlen. Würdest du auch dann so bestätigen?

Partnerin 3: Ja, ich für mich habe entschieden, dass ich ein ordentliches Stück Verantwortung für mich selbst habe. Hauptsächlich ich und dann gibt es, da immer noch irgendwie was anderes ich nenne das den göttlichen, den unendlichen Geist. Der mich ein Stück weit von meiner Verantwortung entbindet. Ich weiß allerdings nicht wie viel. Zum größten Teil habe ich Verantwortung, für das was ich denke und tue und teilweise auch fühle und trotzdem ist da noch irgendetwas anderes. Wo ich dann manchmal sage, diese Verantwortung, die übergebe ich jetzt einfach, weil das meinen Vorstellungen übersteigt. Manchmal denke ich, dass ich manche Dinge überhaupt nicht begreifen kann, weil ich die Zusammenhänge viel zu komplex sind. Dann komme ich an einen Punkt, an dem ich sage „Okay, ich übernehme zwar viel Verantwortung für mich selbst, aber mit diesem Teil komme ich nicht weiter." und dann gebe ich das ab.

MSG: Hast du die Erfahrung gemacht, dass das hilfreich ist? Also, dass dieser göttliche Teil dann da ist?

Partnerin 3: Ja. Ja auf jeden Fall. Das fügt sich es fügt sich immer zum Guten. Was heißt zum Guten? Es fügt sich immer. Ich gehe davon aus, dass der der göttliche, der unendliche Geist, der ist danach bestrebt alles in Harmonie zu bringen. Das ist mein Weltbild und mein Glaubenssystem. Als Beispiel gibt es eine Situation in meinem Leben in der ich sage: „Das ist jetzt so schlimm und schlecht für mich. Das fühlt sich für mich ganz gruselig an." Dann habe ich das abgegeben und sage: „Hier komme ich selber nicht weiter. Ich bewerte das nicht und gebe es ab!" Dann habe ich oft gemerkt, dass es sich in eine wohlige und gute Richtung fügt. Am Anfang habe ich geglaubt das ist der Albtraum überhaupt und wenn ich jetzt zurückschaue bin ich so gewachsen und das war ein so großes Geschenk. Es fügte sich wirklich in ein großes Ganzes. Es war oftmals gut das einfach abzugeben. Es ist eine Erleichterung.

MSG: Es ist für dich also so, dass man die Verantwortung trägt, aber an einem Punkt, an dem es einem nicht mehr möglich ist, kann man es abgeben. Habe ich das richtig verstanden?

Partnerin 3: Ja. Genau.

MSG: Schön. Wenn man das jetzt auf das Kartenziehen bezieht ist es dann so, dass man diese Karten zufällig rauszieht oder ist es in deinem Unterbewusstsein oder ist das der unendliche Geist oder was ist es?

Partnerin 3: Ich ziehe halt genau die Karten, die mein Unterbewusstsein, meine Seele, mein höheres Selbst – keine Ahnung wie man das nennen mag, zieht. Ganz einfach gesagt: intuitiv die richtigen Karten ziehen und dann widerspiegeln lassen was unbewusst ist. Ich glaube schon, dass man sich dann auch mit dem Göttlichen verbindet. Ich glaube, dass wir eigentlich immer verbunden sind.

MSG: Sind die sind die Karten einfach ein weiterer Weg, um da bewusst in diese Verbindung zu gehen?

Partnerin 3: Ja. Genau. Das ist im Grunde genommen auch ein Werkzeug dafür. Nicht nur für sich selbst, um zu reflektieren, sondern auch ein Werkzeug dafür sich, mit dem unendlichen Geist oder mit Gott zu verbinden.

Partnerin 4 (Nutzerin und Beraterin)

MSG: Es geht ja um Tarot und wenn ich das jetzt richtig verstanden habe benutzt du das auch für die Beratung oder benutzt du das nur für dich selbst?

Partnerin 4: Nein für die Beratung benutze ich es nicht. Ich benutzte das für mich selbst.

MSG: Wenn du das für dich selbst benutzt, um welche Art der Fragestellung geht es dann?

Partnerin 4: Ich benutzte im Allgemeinen Karten, nicht nur Tarot. Meine Fragestellungen sind eigentlich immer sehr einfach. Ich benutzte sie für einen Tag oder für eine Jahresqualität. Was ich nie mache, sind Rückschau und Vorschau. Wo ich stehe weiß ich ganz gut selber. Da habe ich nicht den Impuls, dass ich Karten brauche. Meine Fragestellungen gehen in die Richtung: „was ist mir hilfreich für den nächsten Schritt?". Ganz pragmatisch und einfach. Ich möchte Unterstützung für den nächsten Tag, fürs nächste Jahr.

MSG: Wenn du eine Tages- oder Monatsqualität ziehst, worum geht es da? Was gibt dir, dann diese Antwort? Was machst du damit?

Partnerin 4: Ich lese den zugehörigen Text und schaue mit welchem Teil von diesem Inhalt ich in Resonanz gehe. In Resonanz zu dem Thema, das ich habe. Wo fange ich an zu Schwingen? Wo fängt in mir, was zu Schwingen an?

MSG: Und wenn du jetzt diese Karten ziehst hast du dann auch schon eine Resonanz, bevor du den Text liest? Oder ein Gefühl? Oder eine Idee?

Partnerin 4: Meinst du durch das Bild da das die Karte darstellt oder mit dem Titel der Karte?

MSG: Ja.

Partnerin 4: Jetzt muss ich nachdenken. Eher nicht, weil ich auch dorthin gar nicht Schau.

MSG: Also für dich ist wichtig, welche Bedeutung der Karte zugeordnet ist?

Partnerin 4: Genau. Interessanterweise, obwohl ich ein sehr visueller Mensch bin und irgendwie sehr viel mit Gestaltung und so am Hut habe. Die Bilder der Karten, die machen mit mir nichts oder kaum etwas. Das Visuelle, die Gestaltung der Karten ist mir ein bisschen egal. Ich weiß nicht, warum. Ich finde die Karten eigentlich extrem schön – als Gesamtbild. Aber nicht in dem Sinne, dass ich eine Bedeutung für mich herausfiltern will.

MSG: Sind in den Texten auch Teile, bei denen du sagst, dass für dich nicht passt?

Partnerin 4: Ich nehme das was mir gefällt und mit dem ich was anfangen kann. Ich bin da sehr pragmatisch. Ein Stück weit hat das für mich mit dem Aspekt der Selbstermächtigung zu tun, dass ich selber entscheide, was ich jetzt nehme von dem, was ich bekomme.

MSG: Nutzt du die Karten regelmäßig, oder anlassbezogen?

Partnerin 4: Regelmäßig würde ich es nicht nennen. Es ist eher anlassbezogen und wenn ich so das Gefühl hab.

MSG: Mich interessiert auch die Frage wie ist es bei dir mit dem Gedanken, dass es eine andere Kraft gibt oder ein höheres Selbst? Spielt das eine Rolle für dich?

Partnerin 4: Ja, das spielt hundert Prozent eine Rolle für mich. Nur: ich dividiere das nicht auseinander. Für mich ist nicht im Außen eine spirituelle Kraft und da im Inneren bin ich, sondern das ist irgendwie gleichzeitig getrennt und es ist gleichzeitig eins. Deswegen beachte ich das jetzt auch nicht gesondert im Umgang mit den Karten.

MSG: Habe ich das sinngemäß richtig verstanden, dass das Innere und das Äußere im Grunde eins ist?

Partnerin 4: Ja.

MSG: Wäre es jetzt in der Folge so, dass Du durch die Karten mit Dir selbst kommunizierst und gleichzeitig mit einem spirituellen Impuls in Verbindung trittst?

Partnerin 4: Ich glaube das stimmt. Das stimmigste ist, dass durch die Karten für mich etwas in dem Moment unsichtbares sichtbar gemacht wird.

MSG: Die Karten machen Dir etwas sichtbar, etwas bewusst?

Partnerin 4: Genau. Sie zeigen einen Aspekt, der mir ohne Karten nicht gewahr geworden wäre oder anders gewahr geworden wäre. Sie lassen mich einfach die perspektive wechseln und einen Schritt an die Seite treten, um das das Thema, mit dem ich mich gerade beschäftige, von einer anderen Perspektive zu sehen. Oder sie lenken meinen

Fokus wohin, wo ich ihn von alleine nicht hingelenkt hätte. Für mich ist die große Macht der Karten, dass sie zu dem, was sonst nur irgendwo im Feld vorhanden ist, hingehen und zack – Es auf den Punkt bringen. Ein guter Coach, oder ein gutes Coaching hat für mich die gleiche Funktion wie die Karte. Ein Stück weit Spiegel sein, ein Stückweit anleiten die Perspektive zu wechseln und aus der eigenen Suppe heraus zu schwimmen.

Partnerin 5 (Nutzerin)

MSG: Was für Erfahrungen hast du mit Tarot schon gemacht?

Partnerin 5: Ich habe mit einer Freundin aus Spaß Karten gelegt. Das war sehr stimmig. Wie wir jetzt grade auch wieder herausgefunden haben. Weiter habe ich da aber keine Erfahrungen mit gemacht. Und ich interessiere mich sehr für Horoskope.

MSG: Okay. Diese Male mit dem Kartenlegen und auch mit den Horoskopen, warum hast du das gemacht? Gab es einen bestimmten Grund?

Partnerin 5: Ich würde sagen, dass ich daran glaube ist es nicht. Aber das hat schon was, weil es ja schon stimmt.

MSG: Du hast die Erfahrung gemacht, dass es mit Horoskopen und auch mit Karten stimmig ist?

Partnerin 5: Ja.

MSG: Glaubst du, dass das zufällig ist, oder dass das etwas mit einem selber zu tun hat?

Partnerin 5: An Zufall glaube ich nicht. Nein. Ich meine, ich glaube das hängt mit der Person selbst zusammen, die sich die Karten legen lässt, oder das Horoskop liest. Also mit meiner Person. Und das was man hineininterpretiert.

MSG: Ist es so, dass dir das Sachen zeigt, die zu eigentlich schon weißt, oder sind das völlig neue Dinge?

Partnerin 5: Nein. Wie wir vorhin herausgefunden haben sind das Dinge, die man gerne verdrängt.

MSG: Ist es denn hilfreich? Hilft es dir, diese Dinge, die du verdrängst, anzugucken, oder ist das nicht hilfreich und vielleicht überfordernd?

Partnerin 5: Nein, da gehe ich anders ran. Ich höre mir die Dinge gerne an. Ich gucke mir das an, aber ich mache davon nichts abhängig. Hilfreich vielleicht, weil man ein Thema nochmal von einer anderen Perspektive sieht.

MSG: Du bleibst also ganz bei dir und selbstbestimmt?

Partnerin 5: Genau. Ich gucke mir das an, um meine Neugier zu befriedigen, aber mache da nichts von abhängig. Klar, man kann einen Tipp davon übernehmen, man kann sich z. B. öffnen oder über Themen reden. Aber ich mache da nichts von abhängig.

MSG: Kennst du Menschen, die das machen?

Partnerin 5: Na ja. Als ich mir mit meiner Freundin gegenseitig die Karten gelegt habe, konnte ich da eher drüber grinsen und habe das mit Humor genommen. Sie war da schon nachdenklicher. Ihr ist das doch schon näher gegangen, sage ich mal.

MSG: Denkst du, dass das eine Erfahrung sein kann für Menschen, die das nicht selber machen, sondern zu einer Beraterin gehen? Denkst du, dass einen das beeinflusst?

Partnerin 5: Also ich denke, dass es doch eine Gefährdung sein kann, wenn jemand extra dahin geht. Es gibt ja nicht nur professionelle Kartenleger, sondern auch Möchtegern-Kartenleger, dann kann das auch nach hinten losgehen.

MSG: Woran würde man einen professionellen Kartenleger erkennen?

Partnerin 5: An der Fragestellung.

MSG: Also daran, dass er bestimmte Fragestellungen ausschließt?

Partnerin 5: Genau, dass er nicht alles in Frage stellt und auch wenn jemand eine komische Frage stellt, wie z. B. „Wann sterbe ich?“, dass er sowas gar nicht erst beantwortet.

MSG: Glaubst du man kann im Gespräch erkennen, wenn der andere einen manipulieren will?

Partnerin 5: Das kommt auf den Typ Mensch an, der da sitzt. Einige würden sich wahrscheinlich etwas aufzwingen lassen, andere nicht.

MSG: Ich glaube, dass das bei Beratung generell so eine Sache ist. Es ist eine Verantwortungsfrage. Ist das die Verantwortung von einem selbst, zu lernen genau hin zu gucken?

Partnerin 5: Es ist doch auch so, wenn du etwas kaufst und du beraten wirst, z. B. einen Staubsauger. Du wirst beraten, dass der eine toller ist als der andere. Den kaufst du dann. Ja, es ist deine Verantwortung.

MSG: Kann man das lernen?

Partnerin 5: Man kann alles lernen. Man lernt nie aus. Insofern denke ich, man kann auch das lernen. Vielleicht muss man einmal die Erfahrung machen und lernt dann aus der Erfahrung.

MSG: Mein Ansatz ist, dass es darum geht sich dinge bewusst zu machen und zu reflektieren. Das kann man doch auch ganz gut alleine, oder wie kann ich das einschätzen?

Partnerin 5: Ich glaube da hast du Recht. Das kann man gut alleine. Aber sich dazu zu überwinden ist schwer. Mit einem Berater ist es einfacher. Da hast du einen Termin. Da musst du hingehen und dann gehst du auch hin.

MSG: Und ist Beratung dann ein Selbstzweck oder eine Stütze?

Partnerin 5: Ich würde sagen es ist eine Stütze, um dann selber aktiv zu werden. Eine Unterstützung, um dann selber an deinen Stärken und Schwächen zu feilen.

MSG: Das Ziel ist es also, dann selber daran zu arbeiten?

Partnerin 5: Ja. Andere können das Leben für dich nicht ändern. Du kannst es nur selber ändern.

Partnerin 6 (Nutzerin)

MSG: Welche Erfahrungen hast du mit Tarot gemacht?

Partnerin 6: Ich habe erst mal das Buch gelesen. Ich habe mich ein bisschen belesen: Was kann man mit Tarot machen? Was ist das? Und so weiter und sofort. Ich hatte schon einen Hang zu esoterischen, merkwürdigen Geschehnissen. Ich habe dann einmal für mich irgendwie Karten gelegt; Habe mir meine persönliche Karte gezogen. Ich habe das im Arbeitsbereich oder für Fragen im Lebensbereich angewandt. Dann hat man mal mit Freundinnen oder Bekannten darüber gesprochen und es hieß: „Ach kannst du das für mich auch mal machen?". Das habe ich dann auch getan. Witzig war: Ich war ja mal selbstständig. In der Zeit habe ich ein Unternehmens-Coaching gemacht und der Coach kam auch mit Tarotkarten. Er hat ganz viel über Tarot gemacht. Für mich war das nachher zu viel. Ich habe immer wieder eine Tageskarte gezogen. Es kam immer wieder das Gleiche raus. Das ist mir nachher so auf die Nerven gegangen. Wenn man sich zu viel da rein steigert, dann ist das auch nicht gut. Also, Viele verbinden, das ja mit Wahrsagen und mit Zauberei und solchen Geschichten. Da, finde ich, muss man ganz vorsichtig sein. So Menschen, die sehr labil sind oder mit solchen Dingen nicht gut umgehen können, die fangen an sich an solchen Geschichten festzuhalten.

MSG: Ist dir das passiert, als du immer wieder auf die Karten geguckt hast?

Partnerin 6: Ja. Das war damals so die Phase als meine Partnerin gestorben war und diese ganzen Geschichten. Da war das so, dass ich sehr fixiert war auf die Karten. Als ich dann immer wieder die Geduldskarte gezogen habe: Sie müssen geduldig sein; In der Geduld liegt die Kraft; Und Trallala … Das ging mir auf den Sack. Und dann habe ich auch gemerkt, dass ich mich da zu sehr von beeinflussen lasse. Ich habe mir gesagt „Jetzt musst du auch mal gut sein lassen!" und habe die weggepackt.

MSG: Ist das eine Form von Selbstverantwortung und für sich sorgen, wenn man das erkennt und die Karten wegpackt?

Partnerin 6: Auf jeden Fall. Unbedingt. Wenn man so ein Mensch ist, wie ich, dann achtet man durchaus auf seine Selbstversorgung. Man kann sich durchaus verlieren – für einen Moment. Speziell auf Tarot bezogen: man kann sich darin verlieren. Aber ich bin ja trotz dieser esoterischen Seite auch realistisch denkend. Das kommt dann doch irgendwann wieder zutage und dann ist das bei mir so, dass ich da gut auf mich aufpassen kann. Ich kann sagen „So jetzt geh mal in dich. Denk mal nach." Man kann das gut als Lebensberatung mal mitnehmen, aber man sollte sich da nicht so sehr rein steigern.

MSG: Ist das vielleicht eine Gefahr? Eine Art Suchtverhalten?

Partnerin 6: Unbedingt, ja. Wenn man morgens aufsteht und denkt: „Ich muss jetzt erst mal eine Karte ziehen!" da geht das schon los.

MSG: Dann ist man nicht mehr frei?

Partnerin 6: Genau. Oder wenn man denkt, dass man Karten ziehen muss, damit man etwas entscheiden kann. Das finde ich sehr gefährlich. Das ist wahrscheinlich wie bei allen Suchttendenzen, z. B. in Krisen, wenn man Halt sucht.

MSG: Siehst du ähnliche Gefahren auch für Menschen, die irgendwo hin gehen und sich beraten lassen?

Partnerin 6: Ich habe drei solche Menschen in meinem Umfeld. Bei dem einen ist es so, dass er das mal hinzuzieht, sich aber dann davon beeinflussen lässt. Die andere rennt ständig zu einer Kartenlegerin. Und die andere rennt ständig zu Aufstellungen – regelmäßig alle paar Wochen. Das finde ich merkwürdig. Man kann durchaus mit Ihnen darüber reden, aber Kritik wird letztlich abgeblockt. Es wird so dargestellt, dass es guttut und, dass es hilft. Ich war auch schon mit zu so einer Aufstellung. Das war total abgefahren. Ich dachte „Was geht hier ab!?" Das war merkwürdig. Die rutschen richtig in diese Rolle rein und dann musst du hinterher alles von dir abstreichen und dich einmal drehen. Damit du das auch alles wieder los bist. Das ist für mich mit Hokuspokus verbunden. Ich habe ja auch einiges ausprobiert. Aber ich bin auch an einige Menschen geraten, die wirklich geldgeil waren. Die dir einen vom Pferd erzählen und das Pendel hinterher hin und her schwingen lassen. Da dachte ich; „Sag mal für, wie blöd hältst du mich eigentlich?" Also da bin ich ganz froh, dass bilde ich mir zu mindestens ein, dass ich immer noch so viel Intelligenz und Realität besitze, dass ich das irgendwie durchschauen kann.

MSG: Wir entscheiden Dinge ja selber und sind in der Verantwortung für uns …

Partnerin 6: Hm.

MSG: … Denkst du, dass jeder sich das so aussucht, wie es seinem Stand grade entspricht? Wenn er diese Erfahrung jetzt braucht, dann macht er sie eben?

Partnerin 6: Nein. Ich glaub ganz einfach, dass es Menschen gibt, die das dann nicht mehr für sich entscheiden können. Die nicht mehr die Realität sehen, sondern sich da so vereinnahmen lassen, dass also jeglicher Realitätsbezug verloren geht und sie somit nicht mehr für sich selber sehen können was ihnen guttut. Wenn jemand alle zwei Wochen zur Kartenlegerin oder zur Aufstellung rennt, tut das nicht gut. Und es kommt jedes Mal wieder was Neues heraus und die legen da sehr viel Geld für hin.

MSG: Aus meiner Erfahrung weiß ich, dass es wenig nützt zu sagen: „Mach das mal anders! Du hast ein Problem!“. Wenn jemand das nicht so sieht, das anders wahrnimmt, dann ist das so.

Partnerin 6: Dann ist das so. Ja.

MSG: Wenn ich jetzt auf die Beraterseite schaue und mir diese Klienten angucke, die anscheinend so eine Not haben, dass sie alle zwei Wochen zum Kartenlegen kommen und nicht vorwärtskommen, erscheint mir das von Beraterseite wenig verantwortlich.

Partnerin 6: Ich finde das unverantwortlich und unprofessionell. Das gibt es auch bei Therapeuten, man kann das auch auf die beziehen.

Partnerin 7 (Kartenlegerin)

MSG: Schaffen wir und die Welt selbst und somit auch das, was wir in den Karten sehen? Und ist es in unserer Verantwortung, was wir da sehen und was wir davon annehmen?

Partnerin 7: Ja auf jeden Fall. Was wir in den Karten sehen beruht auf dem Resonanzgesetz. Es ist so: Ich sehe die Tendenz in dem Moment, indem ich lege. Insofern kann ich nicht mit Sicherheit sagen: „So oder so kommt das.". Es kommt auf die Grundhaltung der Klienten an. Wenn du fest an etwas glaubst, dann geht es besser und unter Umständen schneller.

MSG: Legst du Karten auch für dich selber?

Partnerin 7: Da greift das mit der Einstellung und der Resonanz auch. Ich habe es aufgegeben für mich selber zu legen. Ich bin dann nicht objektiv und mein Empfinden kommt zu stark mit rein. Ich sehe es dann zu einseitig und bin dann genauso schlau wie vorher. Da kann ich wirklich nur mal eine einzelne Karte ziehen. Darum lasse ich es mittlerweile ganz.

MSG: Deine Erfahrung ist, wenn du es für dich selber legst, kommst du aus deinen eigenen Gedanken nicht heraus?

Partnerin 7: Richtig. Ich suche Rat und habe eine Frage im Kopf. Die spiegelt sich dann in den Karten wider. Wenn ich für jemand anderes gucke bin ich unbeteiligt und bekomme dadurch klare Bilder.

MSG: Du hast vorhin gesagt, wenn du den Klienten die Karten legst und eine Tendenz schilderst, können die das manchmal auch nicht annehmen. Spielt es eine Rolle, ob jemand das annimmt?

Partnerin 7: Das ist eine gute Frage. Sehr individuell. Du kannst zwar alles mit deinen Gedanken formen, aber ich glaube auch, dass sowieso alles mehr oder weniger vorherbestimmt ist. Ich glaube alle, die den Weg zu einer Kartenlegerin gefunden haben, haben ein gewisses Potenzial – von der Entwicklung her. Sonst würden die sich ja nicht für solche Dinge interessieren. Das ist meine Einstellung oder meine Vermutung. Wir reden ja von etwas was man eigentlich nicht erklären oder greifen kann. Und da denke ich macht es Unterschiede, ob jemand es annehmen kann oder nicht. Doch, ja ich glaube das spielt eine Rolle. Ja, doch.

MSG: Muss derjenige an die Karten glauben, oder ist es generell hilfreich?

Partnerin 7: Ich glaube, das geht trotzdem, weil wenn jemand sagt: „Komm mach mal.“, dann ist, zu mindestens unterbewusst, ein Glaube da. Eine gewisse Aufgeschlossenheit reicht eigentlich schon.

MSG: Gab es schon eine Situation, in der du gesagt hast: „Das macht eigentlich keinen Sinn.“?

Partnerin 7: Ja. Das ist selten. Ich glaube auch, dass ich die Leute anziehe, die zu mir passen. Ich habe sehr nette Klientinnen. Ich hatte schon zwei oder drei Aufträge, bei denen ich wirklich gesagt habe: „Das mache ich nicht.“. Da war der Gesprächseinstieg schon so holperig, dass ich ein ungutes Gefühl für die Legung gehabt hätte – oder das Ansinnen, halt die Frage, wie die gestellt wurde. Dann lasse ich das. Das ist ganz wichtig.

MSG: Wie siehst du das mit der Verantwortung in deiner Rolle?

Partnerin 7: Das nehme ich sehr, sehr ernst. Das muss ich ganz ehrlich sagen und das ist manchmal auch ein bisschen belastend. Ich glaube, gerade im spirituellen Bereich ist die Grenze von einer gesunden Einstellung sehr wackelig. Viele die geistig – das muss man wirklich jetzt ganz klar sagen – nicht auf der Höhe sind, flüchten auch oft in die Spiritualität. Ich hatte eine Kundin, das kann ich sagen, wir nennen ja keine Namen, um die ich wirklich Angst hatte und wirklich nicht mehr weiterwusste. Ich habe gesagt: „Du gehst jetzt und suchst dir jetzt Hilfe, sonst rufe ich jetzt und hier die Polizei.“ Ich nehme das wirklich sehr ernst. Ich sage auch immer: „Es kann passieren“. Egal, ob ich was Gutes oder was Schlechtes sage, es kann passieren wir reden hier von Tendenzen. Ich bin relativ treffsicher, das merke ich ja an dem Feedback, aber es steht nichts in Stein gemeißelt. Wir haben durch die Kraft unserer Gedanken, Worte und Entscheidungen die Möglichkeit was umzubiegen. Ich find es auch wichtig wirklich Ansprechpartner zu sein. Nicht nur diejenige bei man was bekommt und die dann von der Bildfläche verschwindet. Ich gehe hier mit Gefühlen von Menschen um. Das muss man sich bewusst machen. Es ist echt nicht so als wenn ich eine Hose oder eine Jacke verkaufe. Ich keinen Psychiater ersetzen, aber manche schreiben mir auch einfach, weil es sie erleichtert. Das dürfen sie tun.

MSG: Was glaubst du, macht eine gute Beraterin, einen guten Berater aus?

Partnerin 7: Ich glaube diese Vertrauensbasis. Ich glaube das wichtigste ist, dass man, man selbst ist. Wenn es nur das Geld ist, ist das Mist; Wenn ich das aus Gründen mache, um mich selber zu therapieren ist das Mist; Wenn ich selber nicht selbstbewusst bin oder in mir ruhe oder eine gewisse Reife habe, ist das auch Mist. Das wichtigste ist Authentizität.

MSG: Glaubst du, dass die Karten den Menschen Sachen zeigen, die sie sowieso schon wissen, aber nicht hinsehen, oder denkst du sie zeigen etwas Neues?

Partnerin 7: Erfahrungsgemäß ist es so, dass ich oft eine eigene Meinung oder eigene Intuition bestätige. Das freut mich, dann immer, weil es zeigt, dass ich es kann. Gleichzeitig ist es eine gute Methode etwas aufzuzeigen, für die die es nicht so bewusst wissen. Die dann sagen: „Ah! Klar, ich konnte es nur nicht greifen. Ich wusste nicht genau, was es ist.". Das ist ganz oft so. Insofern kann natürlich das Kartenlegen eine super Hilfe sein, um sich nochmal eine andere Meinung oder eine Rückversicherung der eigenen Meinung zu holen. Die Kehrseite der Medaille bei anderen ist aber: Es gibt auch Leute, die sich definitiv nur darauf verlassen und die ihr Leben danach ausrichten. Die sich z. B., wenn man etwas sagt, wie: „Du solltest über eine Trennung nachdenken." einfach direkt trennen. Das möchte ich nicht. Ich kann nur Tipps geben und Anhaltspunkte. Entscheiden muss jeder selber was er tut. Man kann sich daran orientieren, ganz klar, aber nicht so hundert Prozent eins zu eins! Weil eine Tendenz sich in einer Sekunde so drehen kann. Es muss ja nur eine Kleinigkeit sein und dann ist alles verkehrt. Da sind wir auch wieder bei der Verantwortung, die man trägt. Ich glaube, so etwas ist Gott sei Dank noch nicht passiert, dass irgendwas Schlimmes passiert ist oder so. Aber das ist, was ich im Hinterkopf habe. Darum schreibe, oder sage ich: „Ich würde eventuell an eine Trennung denken. Ob das für dich passt ist Deine Entscheidung. Es geht um deinen Seelenplan.".

MSG: Ich würde das jetzt so zusammenfassen: Eine Gefahr in der Kartenberatung ist, dass sich der Ratsuchende in eine Abhängigkeit begibt und die Verantwortung komplett abgibt. Passt das?

Partnerin 7: Ja. Genau. Richtig. Es ist aber auch so, dass man nicht so oft Karten legen soll. Wenn ich jeden Tag auf die gleiche Frage lege, weil ich unruhig bin, weil ich unbedingt irgendwas wissen muss, kriege ich irgendwann keine anständigen Antworten mehr. Wenn ich merke, da ist ein Kunde, der kommt immer und immer wieder, sage ich ihm das. Ich muss sagen ich habe viele Stammkunden und man kann natürlich verschiedene Legungen buchen, aber bestimmte Dinge sollte man nicht zu oft machen. Ich hatte auch schon Kunden, denen ich gesagt habe: „Ich mache das jetzt nicht. Warte ein zwei Monate, dann gucken wir gerne nochmal drauf." Wer wirklich etwas lernen will, der wartet dann auch. Manchmal, wenn ich es nicht mache, gehen sie eben woanders hin. Die Kundschaft geht sowieso dahin wo es sie hinzieht, aber es geht mir wirklich um den Menschen dahinter. Es nützt nichts, wenn sie von Kartenleger zu Kartenleger laufen. Jedes Mal eine andere. Das hatte ich tatsächlich auch schon. Ich glaube ich war die letzte in der langen Reihe. Ich habe mich gewundert, denn ich kriegte so komische Aussagen. Die Kundin hat, dann gesagt: „Der und der und der haben aber das und das und das gesagt." Wenn Kunden im Nachhinein sagen, sie waren schon bei fünf anderen, muss es sie nicht wundern, wenn nichts mehr stimmig ist. Das wirklich die Gefahr. Es kostet, die Leute Geld und Nerven. Es kann tatsächlich zur Sucht werden. Diese Lines – ich weiß nicht, ob du da auch jemanden interviewen konntest – ich meine das ist ja auch wie eine Sex Hotline. Nur, dass du da Karten befragen kannst. Diese Lines laufen ja auch alle und da sind die Leute sofort da und es geht los. Da ist immer jemand und das kostet Unsummen. Ich glaube sowas entsteht auch nur aus einer gewissen Abhängigkeit heraus. Sonst ginge das nicht.

MSG: Die zweite Gefahr, die ich mir vorstellen kann, liegt auf der Beraterseite, wenn ein Berater dem Ratsuchenden etwas überstülpen will.

Partnerin 7: Ich glaube schon. Es gibt schon Persönlichkeiten, die das zur Bestätigung des eigenen Egos machen oder ihre Deutung total verinnerlichen und wirklich auf dem Standpunkt beharren: „Das ist so und nicht anders!".

PLAKATE AUS DEM KOLLOQUIUM

Unter der Vorgabe, Metaphern zu verwenden, sollte das Thema präsentiert und erläutert werden.

Die Plakate stützten dabei den freien Vortrag. Hier werden sie zur Anregung dargestellt.

Die verwendeten Bilder sind, insofern keine Tarotkarten, Bilder/Zeichnungen der Autorin.

Plakat 1: Anhand eigener Bilder/Zeichnungen und Metaphern stellt die Autorin ihr Thema dar

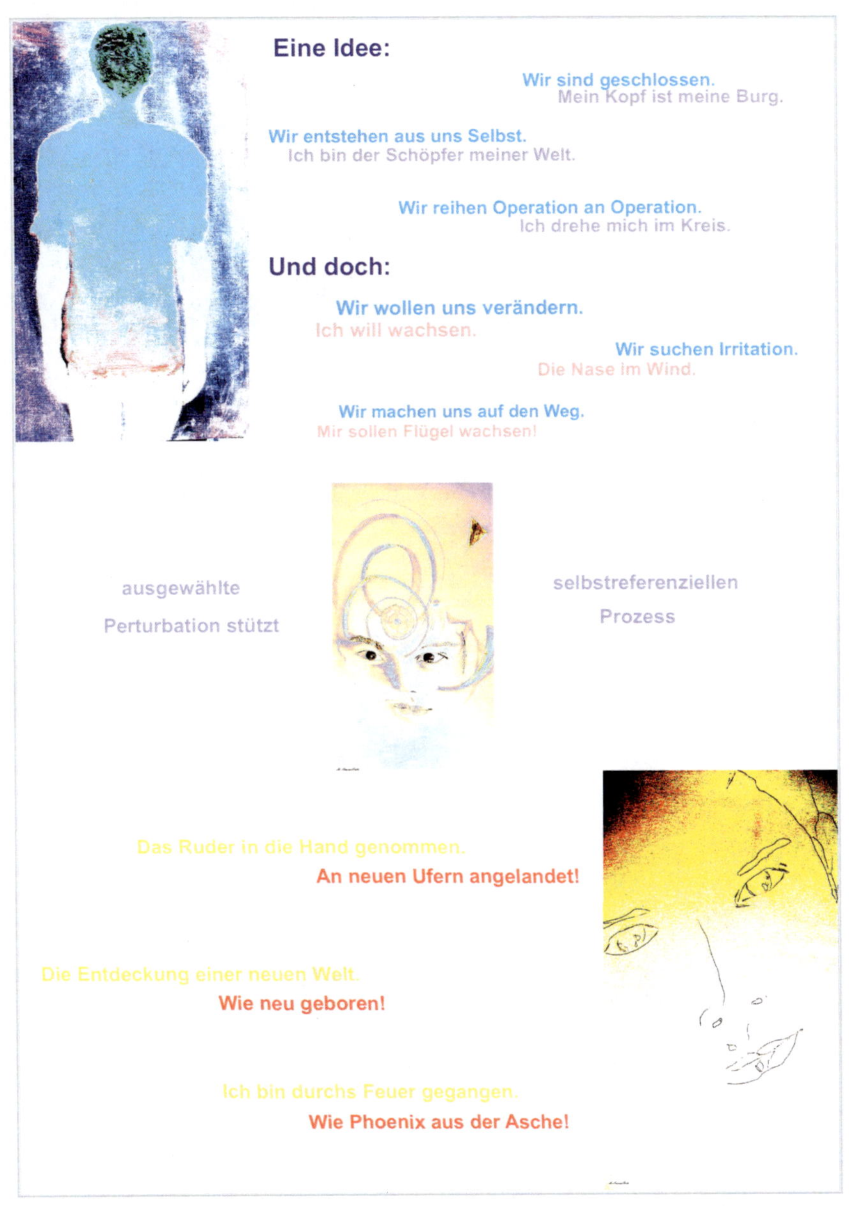

Plakat 2: Die Vielfalt an Karten …

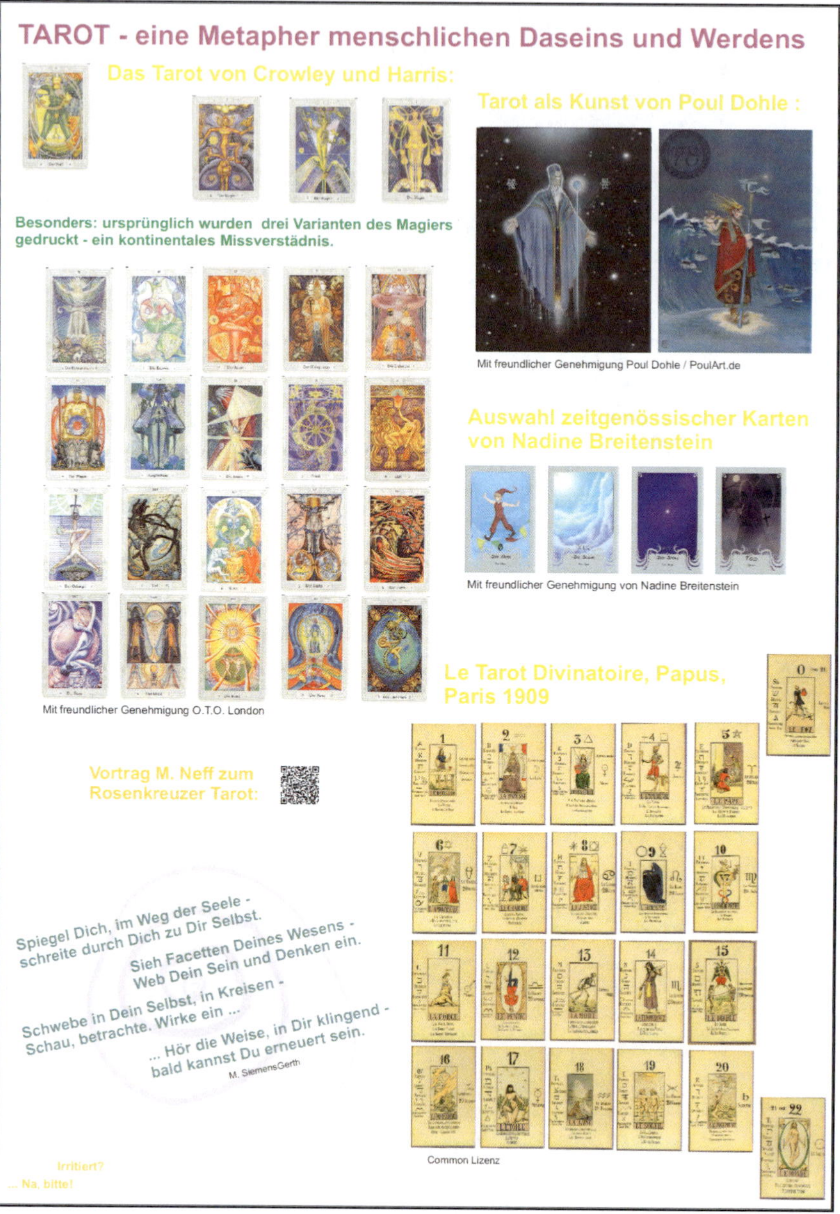

Plakat 3: Der Arbeitsprozess bis zum Zeitpunkt des Kolloqiums

Tarot aus systemischer Sicht
- ein Werkzeug zur Selbstreflexion und Beratung?

Spinnerei?
Ein Netz weben.

Narretei?
Den Tellerand übersehen.

Brückenschlag!

Schnapsidee?
Um die Ecke denken.

falsche Fährte?
Durch eine andere Brille sehen!

Entscheiden!
Plötzlich war alles so klar,
so einfach und so freudig.

Literatur
Wenn es keinen Propheten
gibt, wird Bergbau betrieben.

Kontakte
„Hurra!“ rief die Katze.
„Willst Du mit mir spielen?“
Und das Silberfischen sagte
„Fang mich.“.

Lizenzen
Wenn Dir Steine auf
Berge rollen nicht liegt,
kannst Du es ja lassen.

Der Prozess

Umfrage vs.
... da brauchste auch
keinen toten Dachs
mehr aus dem Busch
ziehen.

Gliederung
Rom? Was will Rom?

Interviews
Siehst Du, dort die
Schwäne ziehen?

Technik
... und der Schwan so „knack“,
dann schwamm er wieder,
statt über's Eis zu watscheln.

Stolpersteine ...

- Auswahl Methode
- Teufel im Detail
- Zeitmanagement

Edelsteine ...

- Betreuung
- Begegnung
- Erkenntnis

Plakat 4: Das Ziel der Arbeit, dargestellt als Märchen

Aja sah in den Spiegel.
Aja sah ajA.

Aja gefiel was sie in ajA sah
und Aja gefiel nicht, was sie in ajA sah.

Aja regte, drehte und bog sich.
Der Spiegel stand vollkommen unbewegt da.
Und der Spiegel warf ajA auf Aja.

Aja zog die Lippen kraus,
rümpfte die Nase und schnaubte und
ajA tat es ihr gleich.

Aja zog die Augenbrauen zusammen,
runzelte die Stirn und neigte sich nah -
ganz nah -
zum Spiegel und ajA tat es ihr gleich.

Stirn an Stirn.
Ein tiefer Blick in Augenblicke -
wieder und wieder und wieder.

Da erkannte Aja was ajA war.
Dann nahm Aja von ajA was sie brauchte.

So wurde AjA ganz leicht
und machte sich auf den Weg.

Exemplarische Karten

Crowley Thoth Tarot – große Arkana

Die Abbildungen dieses Tarot wurden freundlicher Weise vom OTO London lizenziert.

VI
Die Liebenden
VII
Der Wagen
VIII
Ausgleichung
IX
Der Eremit
X
Glück
XI
Lust
XII
Der Gehängte
XIII
Tod
XIV
Kunst

XV
Der Teufel
XVI
Der Turm
XVII
Der Stern
XVIII
Der Mond
XIX
Die Sonne
XX
Das Aeon
XXI
Das Universum

Rider Waite Tarot – große Arkana

Die Abbildungen dieses Tarot wurden freundlicherweise vom Königsfurth Urania Verlag lizenziert.

VI
Die LIEBENDEN
© koenigsfurt-urania.com

VII
Der WAGEN
© koenigsfurt-urania.com

VIII
KRAFT
© koenigsfurt-urania.com

IX
Der EREMIT
© koenigsfurt-urania.com

X
RAD des SCHICKSALS
© koenigsfurt-urania.com

XI
GERECHTIGKEIT
© koenigsfurt-urania.com

XII
© koenigsfurt-urania.com
Der GEHÄNGTE

XIII
© koenigsfurt-urania.com
TOD

XIV
© koenigsfurt-urania.com
MÄSSIGKEIT

XV
© koenigsfurt-urania.com
Der TEUFEL

XVI
© koenigsfurt-urania.com
Der TURM

XVII
© koenigsfurt-urania.com
Der STERN

Crowley Thoth Tarot und Rider Waite Tarot – Hofkarten und kleine Arkana

Die interessierte Beobachterin kann diese Karten der beiden vorgestellten Decks in der Online-Präsentation unter nebenstehendem QR-Code/Link betrachten:

Oder unter:
https://prezi.com/view/p1XRnPuU2pCUHIeKS3Ci/

Tarot Kunst Projekt von Poul Art

Nadine Breitenstein

Bildquellen

Tarot A. E. Waite (ISBN 978-3-927808-13-3) mit freundlicher Genehmigung des Königsfurth-Urania Verlag, Krummwisch, © 1993, 2007 Königsfurth-Urania Verlag, Krummwisch/Deutschland, www.koenigsfurth-urania.com

Crowley Thoth Tarot all rights reserves, used with permission, O.T.O., Ordo Templi Orientis, London

Tarot of Truth, alle Rechte vorbehalten, mit freundlicher Genehmigung von Nadine Breitenstein, www. kartenmedium-claire.de

Tarot im Kunstprojekt, Arbeiten von Poul Dohle, alle Rechte vorbehalten, mit freundlicher Genehmigung von Poul Dohle, www.poul.de

Zeitfracht Medien GmbH
Ferdinand-Jühlke-Straße 7
99095 Erfurt, Deutschland
produktsicherheit@kolibri360.de